만화로 보는 염불명상 길라잡이

대원불교문화총서 6

만화로 보는
염불명상
길라잡이

방경일 글, 정기영 그림

운주사

본 도서는 (재)대한불교진흥원이 젊은 세대의 관심과 시대적 감각에 맞는 불교 콘텐츠 발굴을 통해서 젊은 세대의 불교 이해를 돕기 위해 펴내는 [대원불교문화총서] 시리즈입니다.

머리말

왜 염불명상인가?

"나무아미타불 관세음보살!"

약 1,400년 전에 원효대사는 거리의 사람들에게 11자로 된 이 염불을 알려주었다고 합니다. 여러 가지 사정으로 불교를 배울 수 없었던 사람들은 사는 동안의 어려움은 관세음보살을 통해서 이겨내고, 삶을 마치고 난 이후의 일은 아미타불에게 모두 맡겼습니다. 천 년 하고도 수백 년 동안이나 그러했으니 우리 불자들의 몸에는 '염불 DNA'라는 특별한 요소가 생겨났을 수도 있습니다. 그럴 정도로 남녀노소 모두가 그저 '나무아미타불 관세음보살'만 읊조리면 마음이 편안해졌던 것입니다.

불교는 인생을 고해苦海, 즉 괴로움의 바다라고 합니다. 꼭 그렇게 불러야 하나 하시겠지만, 독자 여러분도 잘 아시다시피 우리의 인생에는 괴로운 일이 참 많습니다. 이제 현대인의 동반자가 되어 버린 스트레스야말로 그 증거라고 할 수 있겠지요. 만병의 근원으로 불리는 이 스트레스를 이겨내기 위해 종교를 가리지 않고 산속에 있는 절을 찾아 명상하는 사람들이 점점 많아지고 있다고 합니다.

우리 조상들도 일종의 스트레스라고 할 수 있는 한恨으로 많은 고통을 받았는데 그럴 때마다 불자들은 '관세음보살'이나 '나무아미타불', '석가모니불'이나 '지장보살' 등의 염불로 한을 풀었습니다. 이로 미루어보건대 염불에는 정신적인 괴로움을 이겨낼 수 있는 무언가가 있는 것이 틀림없습니다. 서양의 연구에 의하면 염불을 할 때 우리 뇌의 특정한 부위에서 좋은 에너지파가 생겨난다고 합니다. 원효대사 이후 염불이 아주 빠른 속도로 이 땅의 불자들 사이에서 확실하게 자리를 잡을 수 있었던 데는 이런 이유도 있었을 것입니다.

앞서 나온 『만화로 보는 불교명상 길라잡이』에 소개된 MBSR은 불교의 집중명상이나 통찰명상을 활용해 스트레스를 줄이는 명상기법입니다. 그렇다면 역시 스트레스를 줄여주는 염불도 일종의 명상이라고 할 수 있지 않겠습니까? 염불을 통해서 참선과 같은 깊은 명상의 세계로 들어가 성불成佛이라는 목표를 이룬다는 염불선念佛禪이란 말도 염불이 명상임을 잘 말해줍니다. 독자님들, 불교수행의 종착점인 성불이 목표가 아니라도 일상생활에서 수도 없이 마주하는 잡념을 없애는 데는 염불만한 것이 없습니다.

이 책 『만화로 보는 염불명상 길라잡이』는 두 부분으로 되어 있습니다. 먼저 만화로 된 부분은 염불명상의 기본적인 내용을 재미있게 보여드립니다. 다음으로 만화에 덧붙인 해설은 염불명상의 핵심요소들을 쉽게 이해하실 수 있게 했습니다. 독자 여러분이 이 책의 정보를 참고해 염불명상을 해 본다면 마음은 물론이고 몸의 건강도 지킬 수 있을 것입니다. 마음이 불안하거나 머리가 아프다면 '노는 입에 염불한다'는 말이 생겨날 정도로 언제 어디서나 부담 없이 할 수 있는 염불을 한번 해 보시지요.

이 책의 원고는 쉽고 재미있는 불교책들을 만들어 불자들에게 도움이 되게 하겠다는 대한불교진흥원의 원력으로 만들어졌습니다. 21세기 한국불교의 포교를 위해 앞장서는 진흥원에 『만화로 보는 염불명상 길라잡이』가 작은 도움이라도 되면 정말 좋겠습니다. 작품활동으로 바쁜 가운데 시간을 내서 그림을 그려준 정기영 작가님, 여러 가지 색의 표현 때문에 제작비가 훨씬 많이 드는 이 책의 출간을 결심해준 김시열 사장님과 편집과 제작에 애써준 분들에게도 감사의 말씀을 드립니다.

2024년 6월
방경일 합장

머리말 왜 염불명상인가?　　　　　　　　5

제1장 염불이란 무엇인가?　　　　　　　9
1) 석가모니불의 공덕을 새기다　　11
2) 아미타불의 이름을 부르다　　　23
3) 관세음보살의 이름을 부르다　　35

제2장 염불명상이란 무엇인가?　　　53
1) 염불도 명상이다　　　　　　　55
2) 염불은 삼매로 가는 지름길이다　61
3) 염불하는 이는 누구인가?　　　67

제3장 염불명상 왜 해야 하나?　　　75
1) 종교적 필요성　　　　　　　　82
2) 심리적 필요성　　　　　　　 102
3) 건강상 필요성　　　　　　　 114

제4장 염불명상의 실제　　　　　　131
1) 염불명상의 원리　　　　　　 134
2) 염불명상의 종류　　　　　　 139

    3) 석가모니불 정근   143

    4) 아미타불 정근   154

    5) 관음 정근   168

제5장 염불명상의 활용   179

    1) 명상으로 활용   181

    2) 기도로 활용   182

    3) 집중력 유지에 활용   183

    4) 심리적 안정을 위한 활용   184

    5) 건강을 위한 활용   186

    6) 관점의 전환을 위한 활용   187

    7) 인간관계 개선을 위한 활용   188

    8) 자비심을 키우기 위한 활용   189

제1장 ─ 염불이란 무엇인가?

1) 석가모니불의 공덕을 새기다

교수님, 제 어머니가 하는 염불하고는 좀 다른데요. 불수념이라는 말도 처음 들어봅니다.

네, 그럴 겁니다. 보통 염불이라고 하면 나무아미타불이나 관세음보살처럼 부처님이나 보살님의 명호를 부르는 것입니다만…….

초기불교 때는 석가모니불을 뜻하는 명호들을 부르며 그 공덕을 되새겼다.

성문 밖 화장터 옆에서 자게 됐는데 야차가 나타나 절 잡아먹으려고……

얼른 '부처님께 귀의합니다!'고 했더니 야차가 놀라서 도망가 버렸다니까요!

1) 석가모니불의 공덕을 새기다

일반적으로 염불은 대승불교의 수행방법으로 알려져 있다. 대승불교의 등장이 부처님의 열반 이후 수백 년이 지난 무렵임을 감안하면 부처님 당시에는 염불이란 수행법이 없었다고 볼 수 있다. 그런데 불교학자들의 연구로 등장한 불수념佛隨念은 이런 관점을 바꾸게 하고 있다.

고대의 기록을 보면, 보통 사람들은 자신들이 받들어 모시는 초자연적인 존재의 힘을 빌려 각자의 어려움을 극복하거나 소원을 이루려고 했다. 장차 부처가 될 고타마 싯다르타가 태어날 무렵 바라문교의 신들은 최고의 초자연적인 존재로 수많은 신도들의 절대적인 신임과 지지를 받고 있었다. 이런 환경에서 나타난 석가모니부처님은 열반을 얻게 되면 모든 문제가 해결된다고 하면서 열반을 얻는 방법들을 제시했다.

그런데 초기불교 경전에 의하면 어려움에 처한 제자들이나 신도들은 부처님이 가진 힘을 빌려 당면한 어려움을 극복하고자 했다. 이들은 부처님의 10가지 명호(名號: 불보살들의 이름)를 새기면서 그 이름들이 가진 힘이 문제를 해결해 줄 것을 바랐다.

불수념佛隨念은 10가지(혹은 11가지)에 달하는 석가모니불의 명호를 반복해서 새기는 것이다. 따라서 불수념을 하는 불자는 '스승님은 여래, 응공, 정변지, 명행족, 선서, 세간해, 무상사, 조어장부, 천인사, 불세존이시다'를 반복한다. 이렇게 하면 불자는 탐욕, 성냄, 어리석음에 사로잡히지 않게 되어 청정해지고, 근심·탄식·고통을 여의고 마침내 열반을 얻게 된다고 한다.

불수념의 실행자가 불교수행의 최종목표인 열반까지 얻게 한다는 것은 석가모니불의 명호에 대단한 힘이 있다는 것을 의미한다. 나아가 불수념의 실행자가 특별한 존재인 석가모니불이 가진 힘에 대한 절대적인 믿음을 가지고 있다면 석가모니불의 명호들을 반복적으로 새김으로써 석가모니불로부터 직접적인 도움을 받을 수도 있다. 초기불교 경전에 등장하는 불수념의 이런 점은 대승불교 경전에 근거한 염불이 가진 특징과 일치한다.

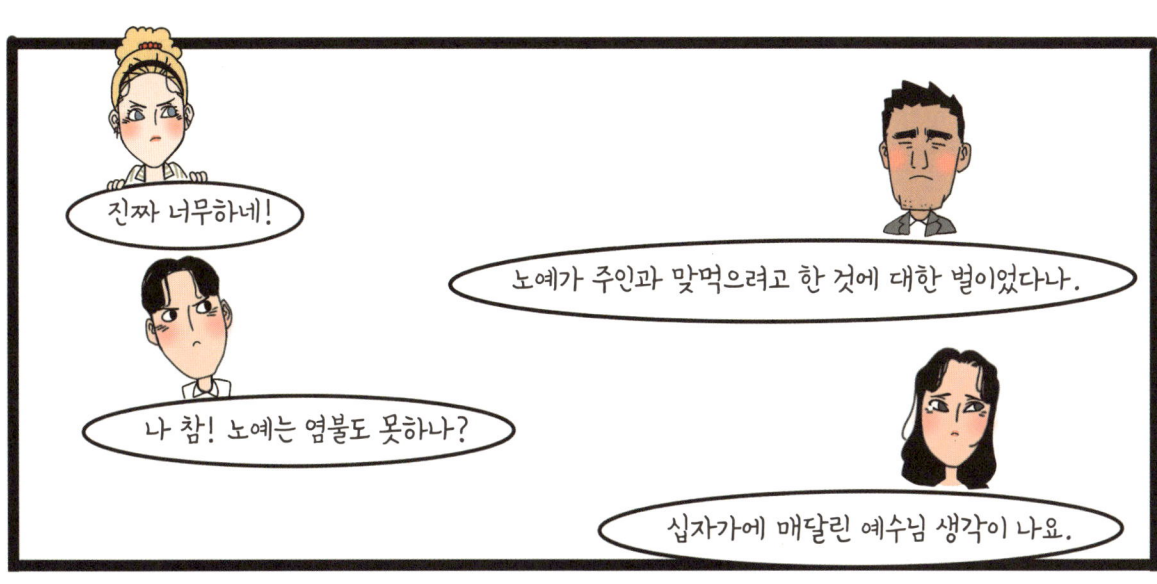

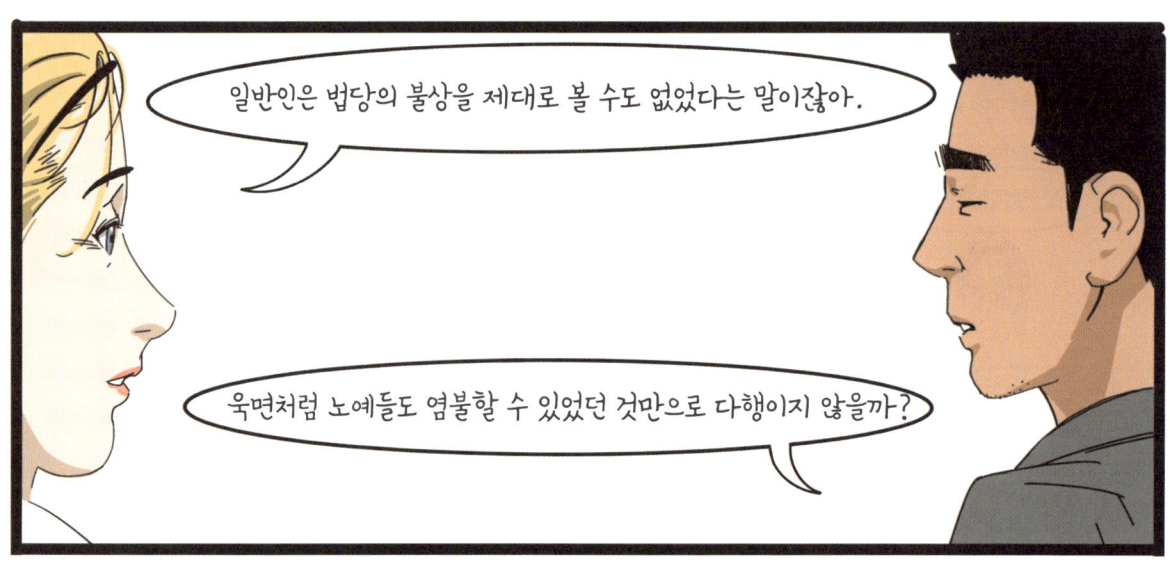

2) 아미타불의 이름을 부르다

대승불교에는 수많은 부처님이 등장하는데 석가모니부처님만큼이나 유명한 부처님은 아미타불阿彌陀佛이다. 그 이유는, 아미타불이 불자들에게 매력적인 사후세계를 제시하고 있기 때문이다. 이 세상에서 삶을 마친 뒤에 아미타불의 세계에 태어나는 사람들은 괴로움이 없을 뿐만 아니라 즐거움이 가득한 삶을 살면서 성불을 향해 다가갈 수 있다. 이 세상에서 겪는 여러 가지 고통을 생각하면 아미타불이 제시하는 세계는 실로 멋진 신세계가 아닐 수 없다.

현대의학의 발전으로 평균수명 100세 시대가 열리고 있다고는 하지만 죽음은 여전히 두려운 현상일 수밖에 없다. 석가모니불이 출현해 가르침을 편 이후 현대에 이르기까지 인간의 평균수명은 50~60세를 넘기가 힘들었다. 이는 질병, 전쟁, 신분제도, 천재지변 등 여러 가지 요소가 죽음을 앞당겼기 때문이다. 이런 환경에서 다른 사람들처럼 죽음을 두려워할 수밖에 없는 불자들은 아미타불의 등장에 환호했다.

아미타불에 관한 정보는 아미타경, 무량수경, 관무량수경을 통해 얻을 수 있다. 중국인들은 이 세 경전이 수입·번역되어 그 내용이 알려지자 앞 다투어 아미타불에게 귀의했다. 왜냐하면 아미타불은 자신의 국토에 올 수 있는 조건으로 단지 자신의 이름인 '아미타불'을 부를 것만을 요구했기 때문이다. 언제 어디서나 실행할 수 있는 이런 조건은 '나무아미타불'을 외치는 불자들로 이루어진 정토종의 탄생에 큰 도움이 됐다.

우리나라의 경우 정토종은 만들어지지 않았지만 1,600년이 넘는 불교의 역사에서 모든 종단의 불자들이 '나무아미타불'을 염송念誦하고 있다. 정토종이 만들어진 중국과 일본의 경우에 비하면 매우 특이한 일인데, 이런 환경으로 인해 우리나라의 모든 불자들이 부담 없이 염불을 받아들이게 되었다고 볼 수도 있다. 아무튼 현재 우리나라 재가불자들의 수행에서 '나무아미타불'은 기본적인 사항이 되었다.

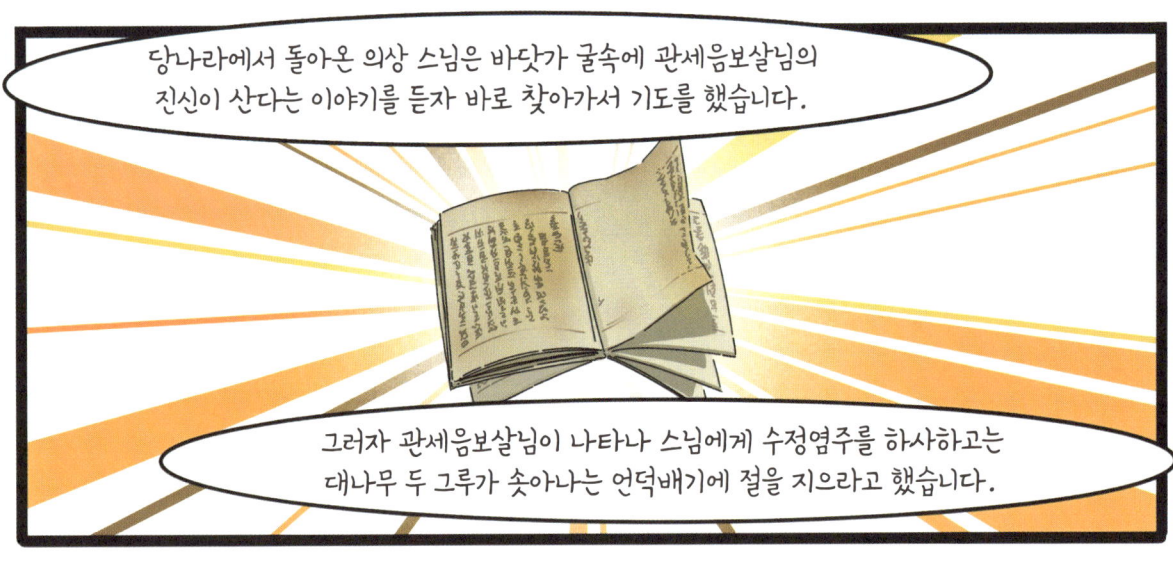

3) 관세음보살의 이름을 부르다

관세음보살은 대승불교의 수많은 보살들 가운데 가장 유명하고 친근한 보살이다. 이는 다음과 같은 세 가지 이유 때문이다. 첫째, 관세음보살은 불자들의 소원을 들어준다. 둘째, 관세음보살은 아미타불을 도와 불자들을 극락으로 이끈다. 셋째, 관세음보살은 반야심경에서 법을 설한다.

법화경의 관세음보살보문품에 의하면 관세음보살은 자신의 이름을 부르며 도움을 바라는 불자들의 요청에 응답한다. 이를 위해 관세음보살은 33가지의 다른 모습으로 몸을 바꾸기까지 한다. 즉 관세음보살은 불자들의 요청을 들어주는 일을 전담하는 보살이다.

아미타경에 의하면 관세음보살은 아미타불의 보좌관이다. 관세음보살은 '나무아미타불'이란 염불을 통해 극락정토행이 결정된 불자들을 반야용선般若龍船이라는 배에 태워 극락으로 실어 나르는 일을 한다. 이는 염불불자가 삶을 마칠 때도 관세음보살의 도움을 받는 것을 의미한다.

한편 불자들은 반야심경에서도 관세음보살을 만날 수 있다. 반야심경은 260자가 조금 넘는 글자로 이루어진 짧은 경전이라 대부분의 불자들이 이를 외우고 있다. 이런 반야심경에서 관세음보살(관자재보살)은 지혜의 화신으로 등장한다. 마하반야바라밀다심경, 즉 '큰 지혜로 (열반의 세계인) 저 언덕으로 건너가는 마음의 경'에서 관세음보살은 공의 이치를 알려주어 사리불(이나 불자들)을 열반의 세계로 이끈다.

이처럼 관세음보살은 자비와 지혜 모두에서 불자들을 돕고자 하기 때문에 불자들에게 가장 인기가 있는 보살이 될 수밖에 없다. 그런데 염불과 관련된 부분은 관세음보살의 자비이다. 무한한 자비의 화신인 관세음보살을 알게 된 불자들은 '관세음보살'을 부르며 도움을 청했다. 관세음보살을 부르며 기도하는 수행을 관세음보살 정근 또는 관음 정근이라 하는데, 이는 이미 1,500년 정도의 역사를 가지고 있다.

제2장 ─ 염불명상이란 무엇인가

1) 염불도 명상이다

"유네스코 지정 세계문화유산을 2개씩이나 본 느낌이 어때?"

"불국사와 석굴암을 안 봤으면 두고두고 섭섭할 뻔했어요."

1) 염불도 명상이다

명상의 출발은 어떤 대상에 대해 몰입하는 것이다. 그렇다고 수학문제의 풀이나 영어단어의 암기에 몰입하는 것을 명상이라고 하지는 않는다. 특정한 대상에 대한 몰입을 통해 정신적인 도약이 가능할 때 우리는 그것을 명상이라고 부른다. 인간은 명상을 통해 정신세계를 탐구해 왔는데, 대표적인 경우가 종교이다. 특히 불교의 경우 참선이나 위빠사나 등이 주요한 수행법임을 감안하면 명상의 종교라고 할 수 있다.

염불은 '석가모니불', '아미타불', '관세음보살' 등과 같은 불보살의 명호名號를 입으로 부르거나 마음으로 새기는 것에서부터 시작한다. 그런데 명호를 염송하는 것을 반복하게 되면 집중력이 생기고, 이 집중력은 염불하는 불자의 정신을 더욱 깊이 불보살에게로 향하게 만든다. 이 과정을 통해 염불불자는 정신적인 도약이 가능해지면서 불보살에 대해 더욱더 잘 알 수 있게 된다.

사실 불보살은 인간의 한계를 뛰어넘은 존재들이다. 대승불교 경전에 의하면 불보살들이 발휘하는 능력은 상상을 초월한다. 법화경에서는 우리가 살고 있는 공간을 누구도 알아차리지 못하게 다른 공간으로 이동시켜 버리기도 한다. 이 정도는 아니지만 초기불교 경전에도 석가모니불이 보여주는 신통력이 적지 않게 등장한다. 멀리 떨어져 있는 불자들의 생각을 읽거나 공중에 떠서 몸에서 물이나 불을 뿜어내기도 한다.

염불불자들은 자신이 하는 염불을 통해 불보살과 같은 초월적 존재들의 도움을 간절하게 바란다. 그 바람은 염불이 간절해지는 정도에 비례해 실현될 확률이 높아진다. 즉 극락왕생이나 건강회복 등 염불불자들의 소원성취가 결국은 자신에게 달려 있음을 의미한다. 이는 불자들이 염불을 통해 스스로에게 있는 불성佛性을 일깨우고 그 불성이 가진 힘으로 바람을 달성하는 것으로도 볼 수 있다.

2) 염불은 삼매로 가는 지름길이다

불교명상은 수행자들에게 삼매를 얻을 것을 강조한다. 이는 참선과 같은 집중명상이든 위빠사나와 같은 통찰명상이든 삼매가 되어야만 비로소 원하는 성과를 달성하는 것이 가능해지기 때문이다. 그래서 불교경전에는 화엄삼매, 법화삼매, 무쟁삼매 등 수많은 삼매가 등장한다. 하지만 수행자가 삼매를 얻는 일은 쉽지 않다. 삼매는 '정신이나 마음이 순수한 상태가 되어 대상에 집중함'을 의미하는데 잡생각이나 잠 등이 정신이나 마음을 어지럽게 만들기 때문이다.

삼매를 얻으려면 일단 마음이 고요해져야 한다. 그런데 정신이나 마음은 그 속성이 여러 가지 생각이나 감정을 만들어내는 것이므로 고요해지는 것이 어렵다. 하지만 염불은 정신이나 마음의 이런 움직임을 쉽게 멈출 수 있다. 그것은 석가모니불, 아미타불, 관세음보살 등의 명호가 가진 명료성 때문이다. 만약 명상수행자가 그 명호들을 부를 때 석가모니불, 아미타불, 관세음보살 등의 정체성에 대해 의혹을 가지게 되면 정신이나 마음에 혼란이 생겨 삼매를 얻지 못한다.

초기불교의 대념처경에 의하면 통찰명상인 위빠사나의 마지막 단계는 주요한 불교교리에 대한 명상이다. 상식적으로 생각하면 석가모니불의 가르침인 불교교리에 대한 명상이 처음에 위치해야 한다. 그런데 이를 마지막에 배치한 것은 불교교리가 가지는 속성 때문이다. 불교교리는 다양한 해석이 가능하고 관점에 따라서 핵심교리들 사이에 모순이 생겨나기도 한다. 이런 성격을 가진 불교교리에 대한 명상은 명상수행자의 정신이나 마음에 혼란을 초래할 수 있다.

반면에 불보살의 명호를 대상으로 하는 명상에는 불교교리가 만드는 그런 종류의 혼란은 없다. 따라서 불교명상수행자가 석가모니불이나 아미타불, 관세음보살 등 불보살의 명호를 부르는 순간만큼은 그 불보살들에 대한 순수한 집중, 즉 삼매를 얻을 수 있다. 이 순간적인 삼매는 찰나삼매라고 불린다. 염불수행자는 지속적으로 불보살의 명호를 부름으로써 염불삼매를 이룰 수 있고, 위빠사나수행자나 참선수행자는 염불에 의한 찰나삼매로 삼매로 향하는 힘을 기를 수 있다.

3) 염불하는 이는 누구인가?

선종의 수행방법에는 크게 두 가지가 있는데 묵조선과 화두선이 그것이다. 묵조선은 안으로 자신의 본성, 즉 불성을 비추어 보는 방법을 사용하는데 이 과정에서 온갖 잡생각이나 망상이 일어난다. 이런 약점을 극복하기 위해 화두라는 수단을 사용하는 것이 간화선이다. 그렇다고 간화선수행자가 잡생각으로부터 자유로운 것은 아니다. 정도의 차이는 있지만 묵조선수행자와 간화선수행자 모두 잡생각이나 망상에 시달린다. 이런 약점을 보완하기 위해 염불선이 등장했다.

염불선은 잡생각이나 망상을 없애기 위해 단기간에 염불을 활용하는 것이 아니라 염불을 활용한 화두를 만들어서 사용한다. 따라서 염불선수행자는 석가모니불이나 아미타불, 관세음보살 등 불보살의 명호를 새기면서 그렇게 불보살의 명호를 새기는 자, 즉 '염불하는 자가 누구인가?'라는 문제를 해결하려고 노력한다. 이 경우 염불이 가진 특성으로 인해 잡생각이나 망상은 잘 일어나지 않으며, 일어난다고 해도 곧 사라지게 된다.

염불선의 경우 염불과 참선의 장점을 반영한 수행법이라고 할 수 있다. 염불은 잡생각이나 망상을 막아 삼매상태를 만드는 데 유리하다. 이런 특성으로 인해 염불을 선정으로 이끄는 방편으로 보거나 더 나아가 염불 자체를 일종의 선정으로 취급하기도 한다. 이에 비해 참선은 수행자가 삼매상태에 도달하기만 한다면 수행자의 본성, 즉 불성을 대면하는 데 유리하다. 따라서 염불선은 수행자가 보다 쉽게 목표를 달성하게 해 주는 것이다.

선종의 선사들 가운데 일부는 염불선을 적극적으로 권했다. 그렇다고 참선을 버리고 염불에만 집중해 극락왕생하라고는 하지 않았다. 이는 선종의 선사들이 주창한 염불선은 참선의 범위를 벗어나는 수행법이 아니라는 말이다. 참선의 단계를 삼매에 드는 첫 번째 단계와 불성을 보는 두 번째 단계로 나눈다면, 첫 번째 단계를 달성하기 위한 방편으로 염불을 활용하는 것이 바로 염불선이다. 그렇다고 하더라도 염불선은 삼매상태에 드는 것이 어렵다는 현실을 반영한 실용적인 수행법으로서 유의미한 가치를 가진다.

염불선이 가지는 또 하나의 의미는 염불에도 '자력自力 수행'의 기능이 있음을 보여주는 것이다. 염불선수행자는 불보살이 아니라 스스로의 힘으로 '염불하는 자는 누구인가?'라는 화두를 든다. 이는 명백한 자력 수행이다. 그렇다면 불보살의 도움에 의지하는 염불은 '타력他力 수행'일 뿐인가? 만약 불보살이 우리의 마음속에 있다면 그런 불보살의 힘을 불러내는 것이 타력인가? 모든 중생에게 불성이 있다는 가르침에 비추어 보면 염불도 다른 차원의 자력 수행이라고 할 수 있지 않을까?

제3장 염불명상 왜 해야 하나?

1) 종교적 필요성

서양학자들 가운데 불교를 종교가 아니라 철학으로 보는 이들도 있다. 그 정도로 불교교리에는 철학적 성향이 풍부하게 들어 있다. 그렇다고 불교가 종교가 아닌 것은 아니다. 불교에도 초자연적인 힘을 가진 부처라는 존재가 있고, 절대적인 진리체계를 담고 있는 교리가 있으며, 부처와 교리에 대한 절대적인 믿음을 가지고 수행하는 출가자와 신도들이 있기 때문이다. 이런 불교의 종교적 성향을 극적으로 보여주는 것이 바로 염불이다.

염불이 성립하려면 부처에 대한 절대적인 믿음이 전제되어야 한다. 이 절대적인 믿음은 부처의 존재와 특별한 능력에 대한 것이다. 불자가 부처의 존재에 대해 의심하거나 부정한다면 염불을 할 필요가 없고, 그런 생각을 하면서 염불을 한다면 효과가 없을 가능성이 높다. 불자가 부처의 존재는 믿지만 특별한 능력에 대해 의심하거나 부정하면서 염불을 한다면 부처로부터 도움은 기대할 수 없기 때문이다. 관세음보살의 경우도 마찬가지다.

석가모니불은 역사적인 인물이므로 그 존재성에 의문을 가질 수는 없다. 문제는 그의 특별한 능력이다. 석가모니는 80년 정도의 삶을 마치고 열반에 들었으므로 생전에 그가 가진 특별한 능력도 사라져 버렸다. 이 경우 석가모니불을 대상으로 하는 불자의 염불은 소득이 없는 공염불에 불과하게 된다. 이는 불보살이 가진 특별한 능력에 의한 도움을 받는다는 염불의 원리에 위배된다. 이런 문제점을 해결해 주는 경전이 바로 대승불교의 법화경法華經이다.

법화경에 의하면 석가모니불이 보여준 80년 정도의 인생은 중생을 교화하기 위한 방편에 불과하다. 석가모니불은 측량할 수 없는 아득한 옛날에 성불했으며 역시 측량할 수 없는 아득한 미래에 이르기까지 사실상 영원한 생명을 가지고 이 세계에 머물고 있다. 법화경이 보여주는 석가모니불의 신통력은 우리가 사는 공간을 통째로 다른 공간으로 옮기거나, 지하에 있는 수많은 보살들을 불러내거나, 다른 세계에 있는 자신의 분신부처들을 소환하는 등 사실상 창조신 등급의 그것이다.

석가모니불이 가진 이런 신통력에 감명을 받았는지 신라 왕실은 불교를 받아들임과 동시에 그 혈통을 석가모니불 집안에 이어붙이려고 시도한다. 신라 왕실의 이런 주장에는 몇 가지 의미가 있다. 첫째, 왕실의 권위를 높일 수 있다. 둘째, 고등종교인 불교의 이념으로 신속하고 강력하게 백성들을 단결시킬 수 있다. 셋째, 불교의 공인이 고구려나 백제보다 140여 년 정도 늦은 신라가 그 시간 간격을 좁힐 수 있다.

21세기인 요즘도 신라 왕실과 석가모니불 집안이 같은 혈통이라고 주장하는 사람들이 있다. 석가모니불의 말년에 카필라는 코살라의 공격을 받아 멸망했다. 이때 살아남은 왕족들이 다른 지역으로 이동해서 그 후손들이 육로나 해로를 통해 신라에 와서 왕족이 되었을 가능성은 거의 없다.

아미타불은 우리 세계에 역사적으로 존재했던 부처가 아니다. 따라서 아미타불의 존재성은 석가모니불에 비하면 훨씬 약하다. 하지만 아미타경阿彌陀經에 의하면 아미타불은 확실하게 존재한다. 48가지 서원을 세우고 수행한 결과로 탄생한 아미타불은 서방에 극락정토를 만들어 놓고 자신의 이름을 새기는 중생을 그곳으로 초대하겠다고 한다. 거주민을 위한 최고의 낙원인 극락정토에 가기를 원하는 사람은 아미타불의 존재를 믿을 수밖에 없다.

아미타불의 능력은 석가모니불의 그것을 능가한다고 할 수 있다. 석가모니불은 이미 만들어져 있는 세계에 태어났지만 아미타불은 극락정토라는 새로운 세계를 만들었다. 그뿐만 아니라 아미타불은 자기가 만든 세계인 극락정토에 사는 사람들에게 의식주를 제공하기까지 한다. 극락세계의 사람들은 아무런 걱정 없이 즐거운 삶을 살면서 불자들의 최종목표인 성불을 향해 나아간다. 이 멋진 신세계는 아미타불의 명호를 정성껏 부르는 이에게 주어진다.

아미타불은 자신을 대상으로 한 염불을 통해 극락정토행이 결정된 이들에게 특별한 서비스를 제공한다. 아미타불은 그들이 이번 생을 마감하는 순간, 즉 죽음의 순간에 그들 앞에 나타난다. 그런데 아미타불은 혼자가 아니라 보좌관인 관세음보살과 대세지보살을 대동하고 있다. 이 불보살들은 극락정토로 가는 사람들을 태워가기 위한 배인 반야용선般若龍船도 가지고 온다. 선택된 사람들은 이 배를 타고 불보살들의 안내와 보호를 받으며 극락정토로 간다.

아미타불이 제공하는 풀코스 서비스를 받기 위한 조건은 단 한 가지다. 누구든지 '아미타불'이라는 그의 명호를 진심으로 10번 이상 부르기만 하면 된다. 아미타불에게 금전이나 음식을 바칠 필요도, 노동을 제공할 필요도 없다. 염불을 하는 시간과 장소를 따로 정할 필요도 없다. 불자는 소리 내어 명호를 불러도 되고, 마음속으로 불러도 된다. 남녀노소 빈부귀천도 가리지 않는다. 이런 파격적인 조건을 제시하는 아미타불을 불자가 숭배하지 않을 수 있겠는가?

인도에서 시작된 불교가 중국, 한반도, 일본열도에 전해진 이후 극락정토에 가고 싶은 불자들은 아미타불을 모신 법당을 만들고 무량수전無量壽殿, 극락전極樂殿, (아)미타전(阿)彌陀殿 등의 이름을 붙였다. 아미타불은 측정할 수 없는 수명과 광명을 가지는데, 수명과 광명을 모두 반영한 것이 수광전壽光殿이고, 수명을 반영한 것이 무량수전이다. 극락전은 아미타불이 만든 나라인 극락정토에서 극락을 딴 것이고, (아)미타전은 아미타불에서 (아)미타를 딴 것이다.

아미타불을 모신 법당이 만들어지자 불자들은 그 법당 안의 아미타불상 앞에서 극락왕생을 기원하며 염불했다. 정성을 들이고 싶은 불자들은 특정한 시간을 정하고 아미타불에게 향을 피워 올리고 정갈한 몸과 마음으로 '나무아미타불'을 불렀다. '나무'아미타불은 아미타불에게 '귀의'한다는 뜻이다. 아미타불에게 귀의한다는 것은 아미타불을 믿고 의지하며 나아가 구원을 요청하는 종교적 활동이다.

아미타경, 무량수경, 관무량수경 등을 통해 아미타불과 극락세계, 극락세계에 가는 방법 등이 알려지자 중국, 한국, 일본에서는 '나무아미타불'이라는 염(아미타)불을 하는 불자들이 급격하게 늘어났다. 그들은 아미타불과 서방西方 극락정토에 대한 검증을 요구하지 않고 경전의 내용을 진실로 받아들였다. 극락으로 간 사람들은 경전에 예고된 과정을 통해 성불의 길로 가기 때문에 이 세계에 돌아오지 않는다. 다시 말해 이 세계의 사람들은 검증할 수 없는 것이다.

아미타불과 극락정토가 처음으로 알려진 시기에 중국대륙, 한반도, 일본열도는 모두 전쟁의 소용돌이에 빠져 있었다. 언제 죽을지 모르는 불안한 삶을 살아가는 사람들에게 아미타불과 극락정토는 일종의 구원이 아닐 수 없었다. 무량수전, 극락전, (아)미타전이 곳곳에서 만들어졌고, 이 불전들은 무수한 불자들을 불러들였다. 그 결과 중국대륙과 일본열도에서는 정토교淨土敎가 만들어졌고 한반도에서 염불은 종파를 초월해 모든 불자들의 기본신앙이 되었다.

아미타불 염불은 자신을 위한 것과 지인知人을 위한 것이 있다. 자신을 위한 경우는 원왕생가願往生歌에서 볼 수 있다. 삼국유사에 의하면 신라 문무왕(661~681) 때 광덕廣德은 10년을 하루처럼 열심히 아미타불 염불을 하면서 다음과 같은 내용의 노래를 지었다. "달님, 서방까지 가시거든 무량수불전에 아뢰어주오. 서원이 깊으신 부처님께 우러러 두 손을 모아 원왕생, 원왕생 그리워하는 사람 있다고. 아아, 이 몸을 남겨두고 48대원이 이루어지실까?"

광덕은 염불을 하면서 관무량수경의 16관법十六觀法을 닦았다. 16관법은 극락왕생을 위한 16가지 방법으로 극락의 여러 가지 모습, 극락의 불보살들, 극락에 태어날 수 있는 행업行業에 대한 이미지들을 떠올리는 것이다. 그런가 하면 순수하게 아미타불 염불만으로 극락왕생한 경우도 있다. 경덕왕(742~765) 때 노비인 욱면은 열심히 '나무아미타불' 염불을 하다가 극락으로 갔다. 이는 불자가 나무아미타불 염불 하나에 완전히 몰입한 경우라고 할 수 있다.

다른 사람을 위한 아미타불 염불은 제망매가祭亡妹歌에서 볼 수 있다. 삼국유사에 의하면 경덕왕 때 월명月明 스님은 죽은 누이동생을 위한 재齋를 지내며 다음과 같은 내용의 노래를 지었다. "죽고 사는 길이 여기에 있음을 두려워하여 나는 간다는 말도 다 하지 못하고 갔는가? 어느 가을 이른 바람에 여기저기 떨어지는 나뭇잎처럼 한 가지에 나고서도 가는 곳을 모르겠구나. 아아, 미타찰彌陀刹에서 만나기를 나는 도를 닦으며 기다리련다."

학자들에 의하면 49재는 6세기 무렵에 중국불교에서 시작되었다고 한다. 당시 중국에 유학한 신라 스님들이 많았음을 감안하면 월명 스님이 활동한 8세기의 신라 사회에서 49재는 적어도 스님들 사이에서는 널리 알려졌으리라고 짐작할 수 있다. 따라서 월명 스님이 지낸 재는 49재로 보인다. 스님이 누이를 위한 49재를 지내면서 미타찰, 즉 아미타불의 세계인 극락정토에서 다시 만나자고 했다면 누이의 극락왕생을 위해 나무아미타불 염불을 했을 것이다.

49재는 고려시대와 조선시대를 거치면서 대표적인 천도재薦度齋로 자리를 잡았다. 천도재는 죽은 이의 넋이 다음 생을 받기 전의 단계, 즉 영가靈駕가 좋은 존재로 재생하기를 바라는 불교의례이다. 21세기에도 천도재, 특히 49재는 거의 모든 사찰에서 행해진다. 그런데 49재는 비과학적이라며 반대하는 사람들이 있다. 영혼의 존재가 증명되지 않았다는 것이다. 심지어 일부 불자들마저 천도재는 인도의 바라문이 지내던 제사와 같다며 폄하한다.

21세기의 천체물리학에서 암흑물질과 암흑에너지는 그 존재를 인정받고 있다. 암흑물질과 암흑에너지는 인간의 오감은 물론이고 천체망원경에도 감지되지 않지만 그 존재를 인정하지 않는다면 설명할 수 없는 천체현상들이 있기 때문이다. 영가의 존재형태가 암흑물질이나 암흑에너지와 같은 종류라면 없다고 단정할 수 없다. 나아가 천도재에서 유족의 발원이 영가와 우주의 모든 존재에게 전달되어 극락왕생과 같은 결과를 만든다는 것이야말로 불교적이다.

종교의 가장 큰 특징은 초월적 존재를 인정하는 것이다. 초월적 존재란 우리의 일상을 넘어서 있는 어떤 존재를 말한다. 이런 측면에서 영가나 아미타불은 초월적 존재이다. 염불은 이런 존재들을 인정하는 환경에서 작동하는 것이다. 오늘날 영가와 아미타불, 나아가 염불을 부정한다면 불교의 종교성은 크게 축소될 수밖에 없다. 하지만 미지의 세계인 사후세계에 대한 인간의 관심이 식지 않는 이상 나무아미타불 염불은 불교의 종교성을 지켜줄 것이다.

양자역학에는 '양자얽힘(Quantum Entanglement)'이라는 것이 있다. 이는 빛이 1초 안에 정보를 전달할 수 있는 거리인 30만Km 이상 멀리 떨어져 있는 입자들이 동시에 정보를 공유하는 것을 말한다. 우리와 영가, 영가와 아미타불, 우리와 아미타불의 거리는 얼마쯤일까? 만약 이 세 존재가 양자처럼 정보공유를 한다면 나를 위해서 혹은 타인을 위해서 새기는 '나무아미타불'은 거리에 상관없이 공유될 수 있고 임종 때 아미타불의 영접도 얼마든지 가능한 것이다.

사람들은 사후의 구원에 못지않게 현생에서의 구원에도 지대한 관심을 가진다. 이는 인류가 지구의 다른 생물들과는 달리 끊임없이 크고 작은 전쟁을 하거나 신분제도를 통해 다른 사람들의 인권을 박탈하는 과정에서 발생하는 여러 가지 괴로움 때문일 수 있다. 불교의 교조인 석가모니불이 활동한 북부인도의 갠지스 강 유역의 경우나 모두 불교를 국교로 받아들였으나 전쟁을 통한 영토쟁탈에 몰두한 한반도의 세 나라도 마찬가지였다.

석가모니불과 동시대에 살던 불자들은 고통에서 벗어나기 위해 석가모니불에게 구원을 요청했지만 한반도 삼국시대 불자들의 요청에 응한 이는 관세음보살이었다. 관세음보살이 대승불교의 등장과 함께 출현한 것을 고려하면 석가모니불이 가진 자비의 성향이 인격화된 캐릭터가 관세음보살이라고 볼 수 있다. 그런가 하면 관세음보살은 석가모니불의 열반 이후 몇 백 년이 지난 즈음에 활동한 어느 불자의 자비로운 삶이 만들어낸 캐릭터일 수도 있다.

법화경의 관세음보살보문품을 보면 무진의보살의 질문을 받은 석가모니불은 관세음보살에 대해 다음과 같이 알려준다. 수천억이 넘는 부처님들을 모신 관세음보살은 중생들이 자신의 이름을 듣거나, 몸을 보거나, 마음으로 새김이 헛되지 않으면 능히 그들의 모든 고통이 사라지게 해 줄 것이라는 서원을 세운다. 이를 위해 관세음보살은 중생들이 원하는 모습으로 그들 앞에 나타나 설법해 주는 것도 마다하지 않는다. 이는 1인으로 구성된 불교긴급구조대의 탄생이다.

관세음보살보문품에 의하면 중생이 관세음보살의 도움을 받기 위해 할 일은 관세음보살 일심칭명一心稱名, 즉 '한마음으로 관세음보살을 부르기'만 하면 된다. 물, 불, 바람, 나아가 천재지변으로 인해 피해를 입을 상황에 처한 중생, 도적이나 악귀, 짐승 등에게 해를 입을 상황에 처한 중생, 탐욕·성냄·어리석음으로 고통을 받는 중생 등이 모두 그 고통에서 벗어난다. 또 자녀를 원하는 중생도 관세음보살 일심칭명으로 그 소원을 이룰 수 있다.

그런데 관세음보살은 경전에서 나열된 것 이외에도 불자들의 바람에 응답하고 있다. 삼국유사의 삼소관음중생사三所觀音衆生寺 부분을 보면 아이를 얻게 해 주거나, 절의 재정문제를 해결해 주거나, 쫓겨날 위기에 처한 스님을 보호해 주기도 한다. 또 어린 아이가 시력을 되찾게 해 주거나 실종된 아들이 돌아오게 해 주기도 한다. 관세음보살이 행한 이런 일들은 초월적 존재에 의한 도움 덕택에 이루어진 것으로 불교의 종교적 영역이라 할 수 있다.

삼국시대에 시작된 관세음보살에 대한 신앙은 불교국가인 고려시대에는 더욱 확산되었다. 그 증거가 바로 고려불화의 많은 부분을 차지하는 관세음보살도들이다. 관세음보살신앙이 확산되지 않았다면 그렇게 많은 관세음보살도가 제작되지 않았을 것이다. 이렇게 고려시대 500년 동안 확고하게 자리를 잡은 관세음보살신앙은 유교국가로서 500년 동안 극심하게 불교를 배척한 조선시대에도 결코 사라지지 않았다.

경남 남해에 있는 금산 보리암에는 조선 태조 이성계에 얽힌 전설이 있다. 이성계 장군은 이곳에서 100일 동안 기도를 하여 나라를 얻었다고 한다. 그런데 이 암자는 강원도 양양의 낙산사에서 관세음보살을 친견하는 데 실패한 원효 대사가 정성을 다한 기도 끝에 소원을 이룬 곳이다. 그러니 이성계의 기도 상대도 관세음보살이었을 가능성이 높다. 이런 인연 때문인지 조선의 왕이나 왕실의 사람들은 대부분 불보살에게 열심히 기도했다.

유교가 국시이자 생활의 지배이념이기도 한 조선이라는 나라의 지배계층인 양반들 가운데도 불교를 믿는 사람들이 있었다. 양반가의 부녀자들은 가족의 건강과 행복을 위해 불보살에게 기도하면서 남성중심의 사회에서 생기는 스트레스도 풀었다. 몰락한 양반가의 선비들은 정신적인 방황을 멈추기 위해서나 정치적·사회적·경제적 소외에서 오는 스트레스를 풀기 위해 불교를 공부하거나 고승들과 인연을 맺었다. 이들에게도 관세음보살은 현실의 구원자였다.

삼국시대에서 시작해 고려와 조선을 거쳐 현대에 이르기까지 1,500년 정도 지속된 관세음보살신앙은 여러 곳에서 관음성지를 남겼는데 현재 유명한 곳으로는 '관음3대성지'가 있다. 첫째는 강원도 양양의 낙산사이고, 둘째는 경남 남해의 보리암이며, 셋째는 인천 강화도의 보문사이다. 이 외에도 전남 여수의 향일암처럼 곳곳에 이름난 관음신앙 기도도량들이 있고, 대부분의 큰 절에도 원통(보)전이라는, 관세음보살을 모시는 전각이 따로 있는 실정이다.

최첨단과학을 자랑하는 21세기의 한국에서도 관세음보살신앙은 그 열기가 식을 줄을 모른다. 오히려 복잡다단해지는 사회에서 발생하는 여러 가지 문제들을 해결해 주는 구세주로서 그 필요성이 갈수록 커지고 있다. 수직적 사회의 수평화로 인한 권리들의 충돌이 만들어내는 고통도 해소해 주는 관세음보살은 사람들이 가장 필요로 하는 현세구복을 이루어 주는 초월적 존재이다. 이런 역할을 감안하면 관세음보살 염불도 불교의 종교화에 기여하고 있는 것이다.

불자의 종교적 활동에는 법회참여, 설법청취, 교리공부, 명상(참선·위빠사나·염불), 독경讀經, 사경寫經, 절 등이 있다. 이 가운데서 가장 간단하게 실행할 수 있는 것이 바로 염불(명상)이다. 염불은 시간과 장소를 가리지 않는다. 또 별도의 준비가 없어도 된다. 앉아서 하는 좌선처럼 특별한 자세를 취할 필요도 없다. 한 가지 필요한 것은 의지뿐이다. 따라서 불자는 하겠다는 의지만 가지면 그 즉시 염불을 실행할 수 있다.

불교에서 불자의 최종목적은 열반의 성취, 즉 성불이다. 신도가 자신이 숭배하는 절대자와 같은 지위에 이를 수 있다는 종교는 불교가 유일하다. 염불은 불자의 최종목적 달성을 도와준다. 석가모니불은 자신을 염불하는 불자들을 열반으로 이끈다. 아미타불은 자신의 국토에 온 중생들의 성불을 위해 노력한다. 관세음보살은 자신을 염불하는 불자들을 도와주면서 성불의 근원인 자비심을 길러준다. 성불이라는 종교적 필요성 때문에라도 염불은 필요한 것이다.

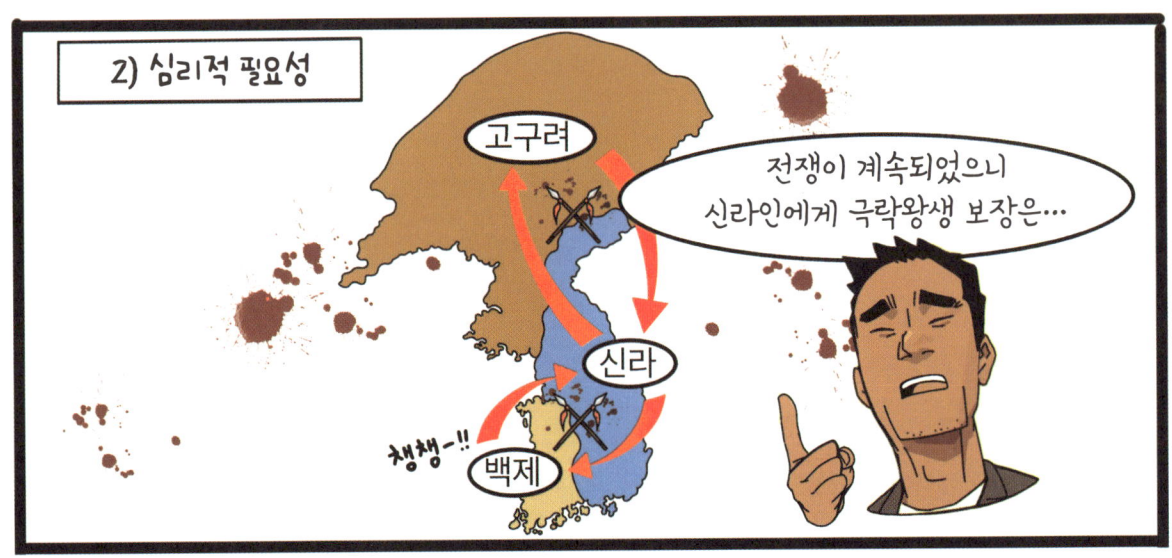

2) 심리적 필요성

카필라의 왕자 고타마 싯다르타는 성문 밖으로 나가 모든 인간이 겪는 세 가지 일, 즉 늙고 약해짐, 질병에 시달림, 죽음을 보고 근심을 얻었다. 그런데 북문 밖에서 출가수행자의 해맑은 얼굴을 본 그는 근심에서 벗어나는 길은 출가수행자가 되는 것이란 걸 깨달았다. 주위 사람들의 만류를 뿌리치고 출가한 고타마 싯다르타는 마침내 성불成佛하여 근심에서 완전하게 벗어났다. 이후 불교가 시작되었고 수많은 출가자들이 근심에서 벗어날 수 있었다.

하지만 여러 가지 사정으로 출가할 수 없는 재가불자들은 인생에서 생기는 근심에서 벗어나기 어렵다. 이런 불자들에게 근심을 없애주고 마음을 편안하게 해주는 수행법이 나타났으니 바로 염불이다. 참선도 수행자로 하여금 근심에서 벗어나는 안심을 얻게 해주지만 염불만큼 접근이 쉬운 수행법은 아니다. 염불은 빈부귀천이나 남녀노소를 불문하고 누구에게나 근심을 없애주고 안심安心, 즉 편안한 마음을 만들어주는 수행법이다.

'내 마음 나도 모른다'는 말이 있듯이 마음의 움직임은 복잡하고도 미묘하다. 이런 마음에 근심이 생기면 마음의 움직임은 부정적인 방향으로 흐른다. 마음의 부정적인 흐름이 계속되면 불안이 생겨나고, 불안이 지속되면 두려움이 생겨난다. 근심, 불안, 두려움 등은 조울증, 공황장애, 강박증, 건강염려증 등의 신경증(노이로제)을 초래할 수 있다. 따라서 심인반응(마음을 원인으로 하는 반응)인 신경증의 근원적인 치료는 근심, 불안, 두려움의 해소에 있다.

관세음보살보문품에서 석가모니불은 관세음보살을 일심공양一心供養하면 두려움을 없앨 수 있다고 한다. 공양의 원어는 산스크리트 푸자(나)pūjā(nā)인데 이는 '존경'을 의미한다. 따라서 공양에는 대상에 대한 존경이 포함되어 있다. 그래서 불자들이 불보살에게 음식이나 향 등을 올릴 때 존경하는 마음이 없이 하면 이는 참다운 공양이 아니며 그 공덕도 약하거나 없다. 즉 누구든지 불보살에게 공양할 때는 지극한 존경심을 가지고 해야 하는 것이다.

일심공양의 대표적인 경우는 현우경賢愚經에 나오는 '빈자의 일등'이다. 석가모니불이 기원정사에 머물 때 등불을 공양하는 행사가 열렸다. 왕과 대신들을 비롯한 많은 이들이 크고 작은 등불들을 올렸다. 이를 본 가난한 여인 난다는 자기 신세를 한탄하면서도 등불공양에 대한 마음을 내었다. 끼니를 굶고 구걸하여 겨우 마련한 몇 푼에 기름장수의 적선이 더해져 약간의 기름을 마련한 난다는 심지받침만 있는 볼품없는 등불이지만 불을 밝힐 수 있었다.

한밤중이 되어 비서인 아난 등이 안전과 취침을 위해 불을 끄기 시작했다. 왕과 대신들이 올린 화려한 등불들이나 백성들이 올린 소박한 등불들도 모두 꺼졌다. 그런데 난다가 올린 볼품없는 등불의 불은 꺼지지 않았을 뿐만 아니라 제자들이 입으로 바람을 불면 불수록 더욱 밝게 타올랐다. 이를 본 석가모니불은 '그 등불은 정성으로 켜진 것이기 때문에 그대들의 힘으로는 꺼지지 않는 것이다. 난다는 먼 훗날 성불하여 수미등광불이 될 것이다!'고 했다.

보문품에서 석가모니불이 말한 일심공양이란 난다처럼 하는 공양을 말한다. 공양하는 이의 정성은 공양물의 양이나 질과는 상관이 없고 공양을 하는 사람의 마음가짐에 달려있는 것이다. 정성이 있는 마음가짐이란 최선을 다하는 순수한 마음가짐이다. 이를 위해서는 공양자의 마음이 일심이 되어야 한다. 일심이란 말 그대로 한 가지 마음이다. 순간적으로 변화하는 마음이 한 가지 마음이 되는 것은 어렵다. 공양자가 마음을 집중해야 비로소 일심이 된다.

마음을 집중하는 일은 말처럼 쉽지 않다. 108가지나 된다는 번뇌에 시달리는 인간의 마음이 하나로 모아지는 일이 쉬울 리가 있겠는가. 참선에 심일경성心一境性이라는 경지가 있다. 마음이 하나의 대상에만 집중된 상태를 말한다. 마음이 관세음보살이라는 하나의 대상에 집중하면 심일경성이 된 것이다. 이는 일심공양의 시작이다. 관세음보살 염불불자가 여기서 더 나아가면 마음은 사라지고 관세음보살만 남는다. 이는 바로 일심공양의 완성이다.

관세음보살에 대한 일심공양이 시작되면 염불불자의 근심, 불안, 두려움은 약화되기 시작한다. 여기서 더 나아가 관세음보살에 대한 일심공양이 완성되면 염불불자의 근심, 불안, 두려움은 사라지고 없다. 일본 조동종의 시조인 도겐道元 선사가 중국유학을 마치고 귀국할 때 풍랑을 만났다. 선사가 마음속으로 관세음보살을 일심공양하자 두려움이 사라졌다. 곧 연꽃잎을 탄 관세음보살이 바다 위에 나타나 바람과 파도를 잠재우니 선사의 일행은 무사할 수 있었다.

불자들도 일상생활에서 어려움에 처했을 때 도겐 선사처럼 관세음보살을 일심공양하면 마음을 가득 채우고 있는 근심, 불안, 두려움을 없앨 수 있다. 일단 관세음보살에 집중하기 시작하면 마음이 두려움 등에서 멀어지기 시작한다. 이는 마음이 두려움 등에게 지배당하는 것을 막는 효과도 있다. 아미타불 염불도 마찬가지 원리로, 죽음에 대한 두려움 등의 지배를 막고 없앨 수가 있다. 이처럼 불교의 염불은 불자들의 심리적인 안정을 위해서도 필요한 것이다.

불교에서 '마음은 화가와 같다'고 하는데, 마음도 화가처럼 여러 가지 그림을 그린다는 뜻이다. 마음이 이런 움직임을 보이는 이유는 잠시도 가만히 있지 못하는 속성 때문이다. 그래서 이런 마음을 잘 다스리는 부처님을 조어장부調御丈夫라고 부른다. 조어장부는 부처님을 가리키는 열 가지 명호 중의 하나로, 말 그대로 풀이하면 '(사납게 날뛰는) 말을 잘 다스리는 분'이란 뜻이다. 그렇지만 조어장부의 속뜻은 '사람의 마음을 잘 다스리는 분'을 의미한다.

어떤 명상 방법이든지, 명상하는 사람이 새로운 경지를 경험하려면 먼저 마음이 진정되어야 한다. 마음을 진정시키기 위해 그냥 두면 마음은 말 그대로 마음대로 움직인다. 그래서 통제하려고 하면 잠시는 가만있더라도 곧 반작용이 일어나 마음은 과거 현재 미래에 걸쳐 사방팔방으로 시공간 속을 헤집고 다닌다. 과거에 경험한 일들이 생생하게 펼쳐지는가 하면 미래의 일들이 만들어지기도 한다. 이런 마음을 다스리는 일은 무엇보다 어려운 일이다.

마음을 진정시키는 데는 염불이 가장 쉽고 빠르다. 불자는 처음에는 염불을 하면서도 여러 가지 생각을 한다. 마음은 이런 이중적 기능을 수행할 능력이 있다. 하지만 조금씩 염불에 집중이 되기 시작하면 염불 이외의 다른 생각들은 서서히 사라지면서 마음이 안정되기 시작한다. 염불이 익숙해지고 힘이 붙으면 염불을 할 때는 당연히 마음이 안정된 상태가 되고, 염불을 하지 않을 때도 마음이 안정되기 시작하다가 마침내 평소에도 안정된 마음이 유지된다.

염불불자가 안정된 마음을 계속해서 유지하면 생겨난 근심, 불안, 두려움은 사라지고, 생겨나는 근심, 불안, 두려움도 곧 사라지게 된다. 염불을 통한 불보살의 도움으로 불자에게 근심, 불안, 두려움을 유발한 문제도 해결되면 더욱 좋다. 그렇게까지 되지 않더라도 안정된 마음을 유지하는 것은 좋은 결과들을 이끌어 낼 수 있다. 안정된 마음은 긍정적인 사고를 하게 만드는데, 이는 당사자는 물론이고 주위 사람들에게도 긍정적인 영향을 주기 때문이다.

근심, 불안, 두려움이 있는 사람의 사고는 부정적인 방향으로 흘러간다. 부정적인 사고는 생겨나 있는 근심, 불안, 두려움을 더욱 강화시킬 뿐만 아니라 새로운 근심, 불안, 두려움을 만들어 내기도 한다. 이는 일종의 악순환으로 당사자의 마음은 물론이고 몸에도 좋지 않은 영향을 미치게 되고 주변 사람들에게까지 악영향을 미치게 된다. 나아가 이런 심리적 연속과 파급효과는 그것이 인지되는 것만으로도 능히 스트레스를 만들어 낼 수 있다.

우리가 근심, 불안, 두려움을 직접 제거하려고 하면 잘 되지 않을 뿐만 아니라 반작용으로 인해 그것들이 더욱 강화될 가능성이 높다. 이는 상처를 덧나게 하는 것과 같은 것이다. 이에 비해 불보살을 염불하여 근심, 불안, 두려움이 사라지게 하는 간접적인 제거방식은 효과적일 뿐만 아니라 반작용이라는 부작용도 없다. 불자가 염불을 하면 할수록 마음의 안정성이 높아져 이런 움직임은 더욱 강해진다. 우리가 염불을 해야 하는 심리적 필요성이 여기에 있다.

3) 건강상 필요성

동서고금을 막론하고 무병장수는 인간의 최우선 희망사항이다. 그래서 기공이나 체조가 만들어지는가 하면 건강과 젊음을 유지시켜 준다는 약물들의 인기가 높다. 중국대륙을 통일한 진秦나라의 시황제始皇帝는 사람들을 파견해 불로불사의 묘약을 찾았고, 힘이 없고 돈도 없는 서민들은 밤하늘의 북두칠성北斗七星에게 자신과 가족의 건강과 장수를 빌었다. 그런데 진시황은 수은중독으로 50살에 죽었고 서민들은 전쟁과 기근으로 40대를 넘기기가 힘들었다.

인간의 건강과 수명을 위협하는 대표적인 경우는 역시 질병이다. 질병을 예방하거나 치료하기 위해 의술이 생겨났다. 고대와 중세에는 의술을 실행할 수 있는 의료인을 만나기가 어려웠는데, 12세기 말과 13세기 초의 크메르왕국에서는 왕의 지시로 오늘날 병원에 해당하는 진료소가 전국에 만들어졌다. 102개나 되는 진료소의 의료인은 가난한 사람들을 무료로 치료했다. 이 위대한 업적을 이룬 자야바르만7세는 관세음보살의 화신으로 불리기를 원했다.

자야바르만7세는 대승불교도였으므로 관세음보살에 관해 알고 있었을 가능성이 높다. 그는 여행객을 위한 숙소도 121개나 만들었다. 중세 열대지역의 숙소는 사막의 오아시스와 같으니 여행객의 건강에 큰 도움을 준다. 여러 가지를 고려할 때 자야바르만7세가 만든 진료소나 숙소 등은 관세음보살의 자비정신이 구현된 것이라고 할 수 있다. 아무튼 당시 인도차이나 반도의 크메르왕국에서 관세음보살은 중생의 건강을 지키는 수호자가 된 것이다.

편작이나 화타를 고려하면 동북아시아에서 의술의 역사는 2,300년 이상이나 되며 의술의 수준도 상당히 높았다. 하지만 모든 사람들이 그런 의술의 혜택을 볼 수는 없었는데, 주된 이유는 진료비를 감당할 수 없었기 때문이다. 서민들은 대부분이 말 그대로 약 한 첩 못 써보고 죽는 경우가 셀 수 없이 많았고 전쟁이나 기근이 발생하면 그 정도가 더욱 심했다. 이런 상황에서 서민불자들이 건강과 수명을 부탁할 수 있는 대상이 바로 관세음보살이었다.

무한한 자비심으로 중생을 구제하려는 관세음보살이 등장하는 경전은 법화경뿐만이 아니다. 천수경千手經으로 불리는 천수천안관자재보살광대원만무애대비심대다라니경千手千眼觀自在菩薩廣大圓滿無碍大悲心大陀羅尼經, 청관음경請觀音經으로 불리는 청관세음보살소복독해다라니주경請觀世音菩薩消伏毒害陀羅尼呪經, 불정심다라니경佛頂心陀羅尼經으로 불리는 불정심관세음보살다라니경佛頂心觀世音菩薩陀羅尼經 등의 경전에서도 관세음보살은 큰 활약을 한다.

천수경의 핵심이라는 신묘장구대다라니神妙章句大陀羅尼의 내용은 '관세음보살의 힘으로 탐욕·성냄·어리석음의 삼독심三毒心을 물리치는 것'이고, 청관음경의 내용은 '관세음보살이 알려준 다라니의 힘으로 전염병을 물리치는 것'이며, 불정심다라니경의 내용은 '관세음보살의 힘으로 질병 등을 물리치는 것'이다. 이른바 위경(僞經, 가짜 경전)으로 알려진 이 경전들은 관세음보살의 힘으로 평안을 추구하려는 사람들의 절실한 희망이 표현된 것으로 보인다.

불정심다라니경을 보면 질병의 9가지 상태에 다른 치료방법을 소개하고 있다. 질병의 종류별로 정리하면 원인불명의 질병, 백약무효인 중병, 원인불명의 가슴 통증, 출산이 순조롭지 않는 경우, 전염병의 5가지 경우이다. 이런 질병들에 대한 치료방법으로는 이 경전에서 제공하는 ①다라니를 읽음, ②글로 써진 다라니와 비자인(秘字印, 도장모양으로 만든 비밀글자)을 태워서 물에 타서 마심, ③불정심다라니경을 읽음, ④관세음보살에게 의지함 등이다.

불정심다라니경이 제공하는 질병치료법은 의료행위라기보다는 주술행위에 가깝다. 하지만 불교적인 내용을 담고 있는 다라니와 비자인임을 감안하면 이는 종교적 의료행위라고 할 수 있다. 여기에는 한 가지 특징이 있다. 관세음보살로 대변되는 불보살의 불가사의한 힘을 통한 치유는 일반적인 의료행위에 비해 대단히 저렴하다는 것이다. 따라서 불정심다라니경이 제공하는 질병치료법은 경제력이 없거나 약한 서민층에서 주로 사용되었을 가능성이 높다.

그런데 불정심다라니경이 제공하는 질병치료법이 국가적 차원이나 왕실 차원에서 사용된 경우도 있다. 1255년(고려 고종 42년)에 개경에 퍼진 전염병의 퇴치를 위해 불정심도량이 시행되었고, 1450년(조선 세종 32년)에 백약이 무효인 세자의 종기치료를 위해 불정심다라니를 찍어 내고, 읽고, 베껴 썼다. 이는 국가나 왕실이 공인된 전통의술을 동원하고도 병마를 퇴치하지 못해 불교에―정확하게는 불보살의 불가사의한 치유력에― 의지한 경우에 해당한다.

불교국가인 고려의 경우 귀족이나 관료 계층에서도 불정심다라니경을 활용했는데 최충헌 일가의 경우가 좋은 예다. 13세기 고려 무신정권의 최고 권력자인 최충헌 3부자는 불정심관세음보살대다라니경을 찍어 이를 호신부적護身符籍으로 지니고 다녔다. 예방차원에서 불정심다라니경을 지녔다는 것은 관세음보살의 불가사의한 힘에 의지해 그 목적을 달성하려는 의도였다고 볼 수 있다. 최고 권력자의 이런 관음신앙은 당시 사람들에 의해 모방되었을 것이다.

경제력이 있는 귀족이나 고급관료는 최충헌 일가처럼 인쇄된 불정심다라니경을 지니고 다녔겠지만 그렇게 하지 못하는 사람들은 수시로 행하는 "(나무)관세음보살"이라는 염불로써 대체했을 가능성이 높다. 병고를 해소하는 것뿐만 아니라 병고를 예방하는 차원에서도 관음신앙이 활용되었다는 것은 사실상 관세음보살의 활동분야가 법화경 보문품 등에서 지정되어 있는 경우들뿐만 아니라 인생에서 발생하는 모든 종류의 고통이나 어려움으로 확대되었음을 의미한다.

고려시대의 불상과 불화 가운데 관세음보살상이나 관세음보살도가 많다. 관세음보살을 단독으로 모신 경우가 많다는 것은 그만큼 관음신앙이 유행했음을 의미한다. 관세음보살은 중국의 당나라와 송나라 불자들에게도 인기가 높았는데 그 결과 33관세음보살이 탄생했다. 이 33관세음보살의 첫 번째가 바로 양류관음楊柳觀音이다. 양류관음은 치유능력이 있는 버드나무가지를 정병淨甁에 담긴 감로수에 적셔서 곳곳에 뿌림으로써 전염병이 사라지게 한다.

통일신라시대인 8세기 중반에 창건된 석굴암의 십일면관세음보살상十一面觀世音菩薩像은 버드나무가 아닌 연꽃이 담긴 정병淨甁을 들고 있다. 석굴암의 십대제자들 가운데 부루나존자도 정병을 들고 있는데, 원래 정병은 부처님 당시에 수행자들이 들고 다니는 필수품이었다. 특히 여기저기 옮겨다니는 방랑수행자의 경우 깨끗한 물의 확보는 생명유지의 필수조건이므로 정병은 없어서는 안 되는 도구이다. 이는 대승불교의 수행자인 보살들도 마찬가지였을 것이다.

청관음경에 의하면 양류관음은 버드나무 가지와 정병에 든 맑은 물을 사용해 바이샬리vaiśālī의 전염병을 없애버리고 병자들도 낫게 한다. 여기서 불교를 상징하는 연꽃이 아니라 버드나무가 사용된 것은 그것에 있는 소염과 진통의 효과 때문이다. 2,400년 전 고대 그리스에서 활동한 서양의학의 아버지 히포크라테스도 버드나무를 소염과 진통의 목적으로 사용하길 권장했고, 현대인은 버드나무 가지에서 살리실산salicylic acid을 추출해 아스피린을 만들었다.

2021년 봄에 북한에서 코로나가 유행하자 북한당국은 발병자들이나 발병할 가능성이 있는 사람들에게 버드나무 가지와 잎을 삶아서 그 물을 마시라고 했다. 외국인의 비웃음을 샀지만 양류관음이나 히포크라테스의 입장에서 볼 때 북한당국의 조치는 안전성이 확보되지 않은 백신을 사용하는 것보다 적절한 의료적 대응일 수도 있다. 이런 점들을 감안하면 건강과 장수를 위한 기원의 대상이 되는 관세음보살은 버드나무 가지를 휴대하는 것이 당연하다고 할 수 있다.

160여 점이나 되는 고려불화들에서 40여 점이나 되는 수월관음도의 대부분도 관세음보살과 함께 버드나무 가지와 정병이 그려져 있다. 그런데 화엄경華嚴經 입법계품入法界品에서 선재동자가 찾아간 보타낙가산의 관세음보살 주변에는 물과 달은 있지만 버드나무는 없다. 원작에는 없는 버드나무가 그려진 것은, 선재동자에게 설법하는 수월관음이지만 버드나무 가지와 정병의 감로수로 불자들의 건강을 지켜달라는 요구가 반영된 것이라고 볼 수 있다.

버드나무는 일본의 침략으로부터 조선을 구한 이순신 장군을 돕기도 했다. 무과시험을 보던 이순신은 말에서 떨어져 다리를 다쳤다. 이때 그는 주변의 버드나무에 다가가 껍질을 벗겨 상처 부위에 대고 가지를 부목처럼 두른 후에 다시 말을 타고 시험을 마쳤다. 불자의 입장에서는 이 또한 양류관음의 신통력이 작용한 것이라고 할 수 있다. 이순신이 불자인지 아닌지는 모르겠지만 그도 버드나무의 효용과 용도를 알고 있었다는 것은 확실해 보인다.

1392년 유교를 국시로 하는 조선이 개국하자 불교는 탄압의 대상이 되었다. 조선의 지배계급인 양반兩班은 불교를 말살하기 위해 여러 가지 방법을 동원했다. 그런데 조선의 계급제도가 고착화되고 지배계층과 피지배계층이 명확해지자 불교에도 길이 생겼다. 서민과 노비, 몰락한 양반들 사이에서 염불을 통해 현실의 어려움을 이겨내려고 하는 움직임이 생겨났던 것이다. 지배계층의 부녀자들은 자신과 가족의 무병장수와 부귀공명을 기원하며 염불했다.

개국 후 200년이 되자 조선은 큰 전쟁에 휘말렸다. 1592년에서 1598년까지 임진왜란과 정유재란이라는 7년 전쟁에서 살아남은 사람들은 국가재건을 위해 노력했다. 하지만 1627년에 발생한 정묘호란과 1636년에 발생한 병자호란이 그런 분위기에 찬물을 끼얹었다. 영조와 정조 시대에 어느 정도 회복이 되었지만 임진왜란 이전으로 국력이 회복되지는 않았다. 조선시대 말기가 되면 세금, 군역軍役, 환곡還穀의 문란으로 서민들의 고통은 크게 늘어났다.

조선후기의 시대적 환경은 서민들에게 관음신앙이 더욱 필요하게 만들었다. '(나무)관세음보살'을 부르는 것 이외에 아무런 보답도 바라지 않는 관세음보살이야말로 난세의 불자들에게는 든든한 의지처가 아닐 수 없었다. 1910년부터 1945년까지 약 36년 동안 지속된 일제 강점기에도 서민의 삶은 별로 나아지지 않았다. 양반과 노비가 사라지고 신식문물이 몰려들었지만 혜택을 보는 사람은 소수에 지나지 않았다. 그 소수도 중병에 걸리면 관세음보살을 찾았다.

인간의 건강과 수명이 확실하게 개선되기 시작한 것은 현대의술의 등장 때문이다. 현대의술을 대변하는 수술과 약물치료는 인간의 건강유지와 수명연장에 큰 도움을 주고 있다. 그럼에도 불구하고 현대의료의 한계를 넘어선 경우도 많다. 소위 불치병이나 난치병에 의한 시한부인생의 경우이다. 그 원인으로는 술이나 담배, 마약 등 해로운 물질의 섭취, 복잡다단한 생활이 주는 스트레스로 인한 시달림, 중금속이나 방사능으로 오염된 작업환경에의 노출 등을 들 수 있다

불치병에 걸린 사람이나 시한부인생을 선고받은 사람은 자연히 초월적인 존재에 매달리게 된다. 현대의 불자들 역시 마찬가지인데, 불보살에게 불치병의 치료나 수명의 연장을 요청한다. 이를 위해 불자들은 불상을 향해 절을 하기도 하는데, 가장 널리 활용되는 방법은 역시 염불이다. 치병에 특화된 부처님으로는 동방유리광세계의 주인인 약사여래가 있다. 그래서 이 부처님에게 기도하는 불자들도 있지만 역시 많은 불자들은 친근한 관세음보살에게 매달린다.

관세음보살 염불(기도)로 원하는 바를 이룬 사람들의 이야기를 담은 관음영험록觀音靈驗錄 등을 보면 중병을 고치거나 증상을 개선한 사례들이 많다. 특히 현대인의 불치병으로 알려진 암으로 인해 목숨을 위협받고 있는 불자들은 불보살, 특히 관세음보살에게 염불(기도)함으로써 몸과 마음의 여유와 활력을 되찾고 어려운 상황에 잘 대처하는 경우가 많다. 이는 나와 가족이 모두 힘든 상황에서 관세음보살이 든든한 지원군이 되어주기 때문이다.

건강이나 목숨이 위협받는 상황에서 환자가 심리적으로 무너지면 육신의 병은 다스리기 매우 어렵게 된다. 이를 막기 위해서도 관세음보살 염불은 필요하다. 병고에 시달리는 불자는 물론이고 그 가족들과의 소통과 공감을 통해 심리적으로 큰 힘이 되어주는 관세음보살이야말로 최고의 의사이기 때문이다. 염불을 함으로써 발생하는 두뇌의 울림도 뇌세포를 활성화시켜 정신과 육신의 건강에 긍정적인 영향을 준다. 이 또한 염불의 건강상 필요성을 잘 말해준다.

오늘날 스트레스는 만병의 원인이라고 불리고 있다. 이 스트레스를 줄이기 위해 존 카밧진 박사가 초기불교의 명상수행인 위빠사나를 활용해 만든 것이 바로 MBSR이다. 이 MBSR의 중심기능으로 '탈중심화脫中心化'가 있다. 탈중심화는 마음이 현재의 문제에서 나와 그 문제에 휩쓸리지 않고 바라볼 수 있는 '거리 두기'이다. 염불 역시 이런 기능이 있다. 염불을 하면 수행자나 수련자의 마음은 탐욕, 성냄, 어리석음 등 부정적인 심리요소들로부터 일단 분리된다. 염불을 마친 수행자나 수련자의 마음은 탐욕, 성냄, 어리석음 등 부정적인 심리요소들과 다시 마주치더라도 그것들에 휩쓸리지 않고 바라볼 수 있다. 그 결과 염불의 수행자나 수련자는 심신안정, 자신감, 긍정적인 마인드를 얻고 나아가 건강을 유지할 수 있게 되는 것이다.

제4장 염불명상의 실제

1) 염불명상의 원리

염불이 시작될 때의 목적은 타력구제他力救濟에 있다. 타력구제는 자비심을 발휘하는 불보살의 힘을 빌려 문제를 해결하는 것이다. 이에 특화되어 있는 불보살이 바로 아미타불과 관세음보살이다. 아미타불과 관세음보살이 불자들 대신 그들의 문제를 해결해 주는 단 한 가지 조건은 일심으로 자신들의 명호를 부르는 것이다. 그런데 명호를 부르는 것은 염불불자의 자력自力이다. 이처럼 타력구제에도 염불을 하는 노력, 즉 염불불자 자신의 힘이 필요하다.

염불이라는 요청이 오면 불보살은 여기에 응답한다. 요청과 응답이 이루어지면 소통을 통한 일체화가 가능해진다. 이처럼 염불불자가 염불대상과 일체화가 이루어지면 비로소 타력구제가 완성된다. 모든 중생에게 불성佛性, 즉 부처님이 될 수 있는 가능성이 있음을 감안하면 염불불자와 불보살의 일체화를 통한 타력구제는 결국 자력구제로 귀결된다. 에너지 장場에서 동시에 정보를 공유하는 양자들처럼 염불불자와 불보살은 불성의 장에서 같이 작용하는 것이다.

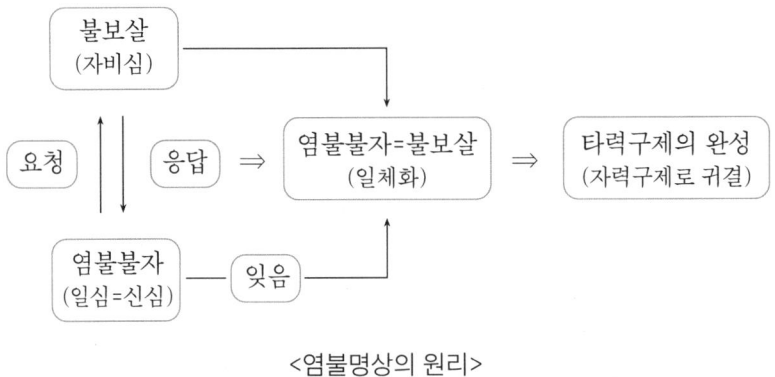

<염불명상의 원리>

2) 염불명상의 종류

염불을 하는 방식에 따라 나누거나

사종염불
- 칭명염불 : 불보살의 명호를 외우는 염불
- 관상염불 : 불보살의 형상을 마음에 새기는 염불
- 실상염불 : 불보살들의 근원인 법신불을 새기는 염불
- 관상염불 : 부처님과 정토의 공덕을 새기는 염불

염불의 대상에 따라 나누기도 한다.

- 석가모니불정근 : 석가모니불을 대상으로 하는 염불
- 아미타불정근 : 아미타불을 대상으로 하는 염불
- 관세음보살정근 : 관세음보살을 대상으로 하는 염불

2) 염불명상의 종류

염불명상에는 기본적으로 사종염불四種念佛, 즉 4가지 종류의 염불이 있는데 다음과 같다.

① 칭명염불稱名念佛: 불보살의 명호를 마음으로, 혹은 소리를 내어서 새기는 것이다.

② 관상염불觀象念佛: 불보살의 이미지를 떠올리며 하는 염불이다. 눈을 감고 하거나 불보살상을 보고 하면 된다.

③ 관상염불觀想念佛: 불보살의 뛰어난 공덕을 생각하며 하는 염불이다. 극락정토의 공덕을 새기면서 하는 염불도 여기에 해당한다.

④ 실상염불實相念佛: 이 세상의 실상, 즉 진리를 떠올리며 하는 염불이다. 불보살들의 근원인 법신불을 떠올리며 하는 염불이나 이렇게 염불하는 이가 누구인가를 알아내려는 염불선도 여기에 해당한다.

염불할 때 소리를 내느냐 내지 않느냐에 따라 유성염불有聲念佛과 무성염불無聲念佛로 나뉜다. 유성염불은 "(나무)아미타불", "(나무)관세음보살"처럼 말소리를 내는 것이다. 유성염불은 다시 고성염불高聲念佛과 저성염불低聲念佛로 나뉜다. 무성염불은 말소리를 내지 않고 마음속으로 염불하는 것이다.

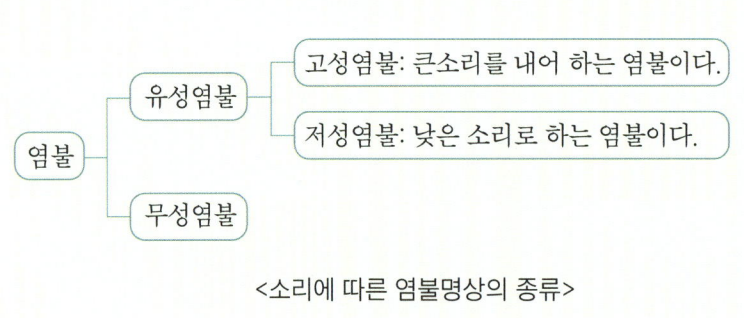

<소리에 따른 염불명상의 종류>

이밖에 소리를 길게 끄는 인성염불引聲念佛, 한 글자씩 끊는 일자염불一字念佛 등이 있다.

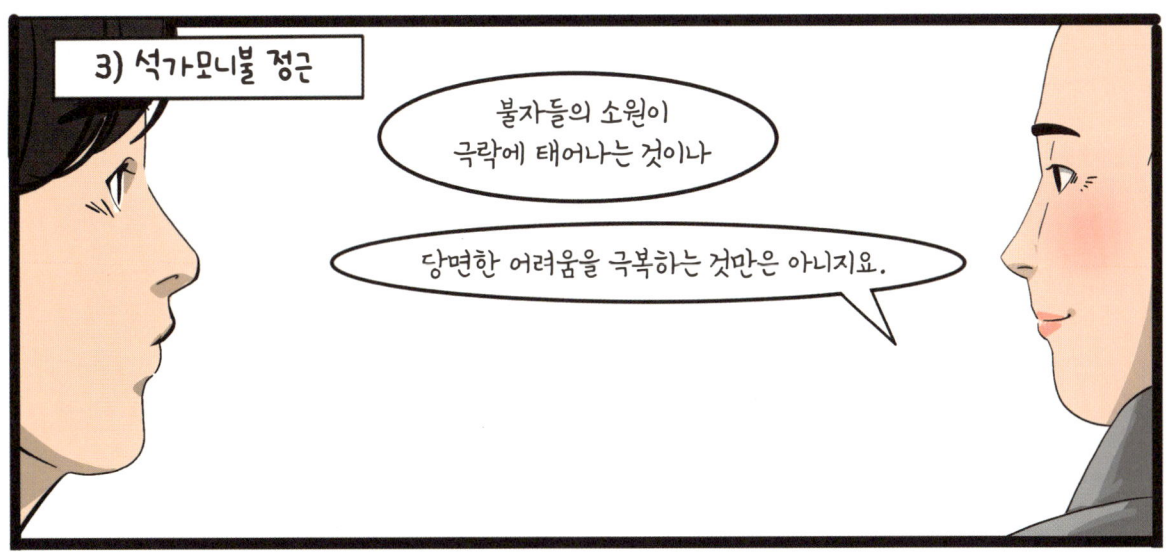

3) 석가모니불 정근

석가모니불 정근은 석가모니불 염불을 정성을 다해 끊임없이 하는 것을 말한다. 전국의 사찰에서 실행되는 석가모니불 정근의 경우 다른 법회나 행사 중간에 10~30분 정도 실행되기도 하고 석가모니불 정근법회가 단독으로 열려 수 시간에서 철야로 실행되기도 한다. 이런 경우 스님이나 지도법사가 있고 목탁, 염주, 죽비 등이 사용된다. 보통 '석가모니불'이라는 본염불의 앞과 뒤에 석가모니불의 공덕을 찬탄하는 문구와 진언 등이 덧붙여진다.

스님이나 지도법사, 혹은 의식의 집전자가 선창先唱하면서 목탁이나 죽비를 사용해 신호를 준다. 이에 맞추어 염불불자들은 앉거나 서서 염불하면서 절을 하거나 하면 된다. 염주는 목에 걸어 두거나 손에 들고 엄지로 한 알씩 넘기기도 한다. 후자의 경우 염불의 횟수를 세거나 염불에 집중하는 수단으로 활용된다. '석가모니불'이란 명호가 계속되는 본염불의 앞뒤에 붙는, 석가모니불의 공덕을 찬탄하는 문구와 진언 등은 여러 가지 방식이 있다.

석가모니불 염불은 보통 칭명염불에서 시작한다. 즉 '(나무)석가모니불'을 마음에 새기거나 말소리를 내어 새긴다. 절에서 하는 염불처럼 많은 사람들이 모여서 할 경우 고성염불이 대부분이므로 고성칭명염불이 된다. 이때 염불불자가 눈을 감고 석가모니불의 이미지를 새기거나 불단의 불상을 바라보거나 하면 관상염불도 더해진다. 따라서 절이나 포교원 등에서 여러 사람들과 같이 하는 석가모니불 정근은 자연스럽게 고성칭명관상염불이 되는 것이다.

염불의 종류를 염불의 대상인 불보살명호의 글자 숫자에 따라 나누는 방법도 있는데 석가모니불은 다섯 글자이므로 오자염불五字念佛에 해당한다. 만약 "석·가·모·니·불"이나 "석~가~모~니~불~"이라고 한 글자씩 발음하면 이들은 일자염불一字念佛에 해당한다. 또 "석~가~모~니~불~"의 경우 글자의 뒤를 끌어서 발음하므로 이는 일종의 인성염불에도 해당된다. 이처럼 '석가모니불'이란 염불 한마디에 여러 가지 종류의 구분이 포함되어 있다.

예전에는 절에 가지 않을 경우 석가모니불 염불소리를 듣기 어려웠지만 요즘은 인터넷, 스마트 폰, 유튜브 덕분에 언제 어디서나 염불소리를 들을 수 있다. 인터넷에서 가장 널리 알려져 있는 소통장소인 유튜브에는 여러 스님들의 석가모니불 염불이 올라와 있다. 이를 들어보면, 스님들은 목탁소리에 맞추어 석가모니불 다섯 글자에 장단과 고저, 강약을 주면서 일정한 리듬에 맞추어 염불한다. 이는 사실상 염불음악과 같다고 할 수 있다.

스님들의 염불에서 장단을 살펴보면 '석~~가~모니~불'이 기본패턴인데, 염불이 지속되면 '서~~가~모니~불', '서~~가~모니~부울', '서~~가·모니~불', '서~~가·모니~부울', '서억~가·모니~불', '서억~가·모니이·불', '서억~가·모니~부울', '서억~가·모니이·부울' 등으로 변형되기도 한다. 이는 염불이 지속되면서 생기는 단조로움을 극복하기 위해 리듬을 주면서 생기는 현상이다. 여기에 발음의 고저와 강약이 더해지면서 염불하는 스님만의 독특한 염불이 완성된다.

* 석가모니불 염불 발음 연습

〈기본형〉

①각 글자 소리를 같은 높낮이로, ②~표시에서는 개인에 맞게 적절한 길이로 쉬면서, ③각각 3회씩 발음하면서 자신의 목소리의 특징을 파악한다.

'석~~가~모니~불' (※저음으로 3회)

'석~~가~모니~불' (※중간음으로 3회)

'석~~가~모니~불' (※고음으로 3회)

〈변형 1〉

①각 글자 소리를 같은 높낮이로, ②~표시에서는 앞 글자 소리를 길게 끌면서, ③각각 3회씩 발음하면서 자신의 목소리의 특징을 파악한다.

'서~~가~모니~불' (※작은 소리로 3회)

'서~~가~모니~불' (※중간 소리로 3회)

'서~~가~모니~불' (※큰 소리로 3회)

〈변형 2〉

①각 글자 소리를 같은 높낮이로, ②굵은 글씨 **가**를 '외과'의 '과'처럼 강하게 발음하고, ③~표시에서는 앞 글자 소리를 길게 끌면서, ④각각 3회씩 발음하면서 자신의 목소리의 특징을 파악한다.

'서어~**가**~모니~불'(※작은 소리로 3회)

'서어~**가**~모니~불'(※중간 소리로 3회)

'서어~**가**~모니~불'(※큰 소리로 3회)

〈변형 3〉

이번에는 높낮이를 넣어보는데 ①'서어'를 기본 높낮이에서 시작하지만 급격하게 올려서(↗) '어'는 높은 위치에서 소리를 끝내고, ②굵은 글씨 **가**를 '어' 발음이 끝난 높은 위치에서 '외과'의 '과'처럼 강하게 발음하고, ③'모니~불'도 '어', **가**와 같은 높이에서 발음한다. ④~표시에서는 앞 글자 소리를 길게 끌면서 각각 3회씩 발음한다.

'서(↗)어~**가**~모니~불'(※작은 소리로 3회)─

'서(↗)어~**가**~모니~불'(※중간 소리로 3회)

'서(↗)어~**가**~모니~불'(※큰 소리로 3회)

〈변형 4〉

이번에는 높낮이와 일시정지를 넣어보는데 ①'서어'를 기본 높낮이에서 시작하지만 급격하게 올려서(↗) '어'는 높은 위치에서 소리를 끝내고, ②굵은 글씨 **가**를 '어' 발음이 끝난 높은 위치에서 '외과'의 '과'처럼 강하게 발음한 뒤 **잠깐 쉬고**(•), ③'모니~불'도 '어', **가**와 같은 높이에서 발음한다. ④~표시에서는 앞 글자 소리를 길게 끌면서 각각 3회씩 발음한다.

'서(↗)어~**가**•모니~불'(※작은 소리로 3회)

'서(↗)어~**가**•모니~불'(※중간 소리로 3회)

'서(↗)어~**가**•모니~불'(※큰 소리로 3회)

〈변형5〉

'서억~**가**•**모니**~불'의 경우 •표시를 중심으로 해서 두 부분으로 나뉘는 경우가 많다. ①'서억'을 기본 높낮이에서 시작하지만 급격하게 올려서(↗) '억'은 높은 위치에서 소리를 끝내고, ②굵은 글씨 **가**를 '억' 발음이 끝난 높은 위치에서 '외과'의 '과'처럼 강하게 발음한 뒤 **잠깐 쉬고**(•), ③'**모니**~'도 '억', **가**와 같은 높이에서 강하게 발음하고, ④'불'은 '억', **가**, '**모니**~'와 같은 높이에서 발음한다. ⑤~표시에서는 앞 글자 소리를 길게 끌면서 각각 3회씩 발음한다.

'서억~**가**•**모니**~불'(※작은 소리로 3회)

'서억~**가**•**모니**~불'(※중간 소리로 3회)

'서억~**가**•**모니**~불'(※큰 소리로 3회)

앞에서 살펴본 대로 석가모니불 염불의 발음은 여러 가지이다. 스님들의 석가모니불 염불을 들어보면 앞에서 살펴본 6가지 경우에서 기본형은 염불의 시작 부분과 끝 부분에서 주로 사용되고, 변형들은 나머지 부분에서 섞여서 사용된다. '석가모니불' 다섯 글자 가운데 마지막 글자인 '불'을 '부울'로 발음하는 것은 염불이 좀 진행된 경우에 자연스럽게 다음으로 넘어가기 위해 나타나는 현상이다. 석가모니불 염불의 발음은 보기로 든 범주 안에서 이루어진다.

그런데 불자 개인이 작은 소리로 빠르게 염불하거나 마음속으로 염불할 경우에는 다르게 발음하는 경우도 있다. 이때 사용되는 발음은 '석가모니불', '서가모니불', '석-가•모니불' 등이다. 빠르게 염불하기 때문에 소리를 끌지 않고, 끈다고 해도 짧게 끌거나, 소리의 높낮이나 강약이 거의 적용되지 않는다. 아주 빠르게 염불할 경우 '석가모니불'이나 '서가모니불'이 사용된다. 불자는 염불이 실시되는 장소나 상황에 따라 적합한 발음을 고르면 된다.

* 석가모니불 염불 시의 자세

- 몸가짐
- 허리를 펴고 바른 자세를 유지함
- 서서, 앉아서 합장함
- 절을 함
- 교통수단으로 이동 시 허리를 펴고 무릎 위에 손을 둠

- 마음가짐
- 석가모니불과 그 가르침을 굳게 믿음
- 석가모니불을 깊이 공경함
- 석가모니불의 삶을 본받으려 함
- 석가모니불의 가피(加被: 보살핌)를 굳게 믿음

염불불자가 석가모니불 염불을 통해 가피를 받으려는 것은 극락정토 왕생이 아니고, 현실에서의 고통 구제도 대부분 해당되지 않는다. 병을 치료하기 위한 불자, 복을 구하기 위한 불자, 자녀를 얻기 위한 불자 등이 석가모니불 염불을 하는 수도 있지만 그 수는 많지 않다. 석가모니불 정근을 하는 대부분의 불자들은 석가모니불처럼 성불할 것을 원하면서 가피를 바라는 염불을 하거나, 중생들의 행복이나 이 세상의 평화 등을 위한 염불을 한다.

다른 생명체 등을 위한 석가모니불 정근은 주로 절에서 하는 법회나 행사에서 실시되는 경우가 많다. 이에 비해 자신을 위한 석가모니불 정근은 집, 공원, 교통수단 등에서 실시되는 경우가 많다. 개인적인 석가모니불 정근의 경우 '석가모니불' 다섯 글자를 바로 새겨도 된다. 하지만 절에서 행해지는 법회나 행사는 공적인 성격을 가지는 만큼 본염불의 앞과 뒤에 석가모니불을 찬탄하는 문구들이 더해진다. 이 문구들의 배치에도 여러 가지 경우가 있다.

석가모니불 염불의 앞에 붙는 찬탄구는 다음과 같다.

① 나무 영산불멸 학수쌍존 시아본사 구원실성 석가모니불
　　南無 靈山不滅 鶴樹雙尊 是我本師 久遠實成 釋迦牟尼佛
　(영취산의 영원한 가르침을 주시고 사라수 사이에서 열반하신 나의 스승이시며 오래 전에 이미 성불하신 석가모니불께 귀의합니다.)

② 나무 삼계도사 사생자부 시아본사 석가모니불
　　南無 三界導士 四生慈父 是我本師 釋迦牟尼佛
　(삼계의 스승이며 중생의 자애로운 아버지인 나의 스승 석가모니불께 귀의합니다.)

석가모니불 염불의 뒤에 붙는 찬탄구는 다음과 같다.

　천상천하무여불　시방세계역무비　세간소유아진견　일체무유여불자
　　天上天下無如佛 十方世界亦無比 世間所有我盡見 一切無有如佛者
　(하늘 위 하늘 아래 부처님 같은 이 없고, 다른 세계들에서도 비교할 이가 없으니, 세상의 모든 것을 내가 다 보아도, 그 어떤 것도 부처님과 같지 않다네.)

　고아일심 귀명정례
　　故我一心 歸命頂禮
　(그러므로 저는 일심으로 목숨 바쳐 절하옵니다.) (※생략하기도 한다)

*석가모니불 정근의 법회·행사용 형식 1

나무 영산불멸 학수쌍존 시아본사 구원실성 석가모니불

석가모니불……(반복)……석가모니불

천상천하무여불 시방세계역무비

세간소유아진견 일체무유여불자

고아일심 귀명정례

*석가모니불 정근의 법회·행사용 형식 2

나무 삼계도사 사생자부 시아본사 석가모니불

석가모니불……(반복)……석가모니불

〈석가여래종자심 진언(釋迦如來種子心眞言: 석가모니불을 종자처럼 마음에 심는 진언)〉

나무 사만다 못다남 박(3회, ※생략하는 경우도 있음)

천상천하무여불 시방세계역무비

세간소유아진견 일체무유여불자

4) 아미타불 정근

아미타불 정근은 나무아미타불 염불을 정성을 다해 끊임없이 하는 것을 말한다. 아미타불 정근도 전국의 절이나 집안 등에서 많은 불자들에 의해 실행된다. 그런데 아미타불 정근은 석가모니불 정근이나 관세음보살 정근과는 좀 다른 점이 있다. 석가모니불 정근은 그분의 말과 행동을 본받으려거나 공덕력에 의한 보살핌을 바라고, 관세음보살 정근은 고난의 구제를 바라는 것이지만 아미타불 정근은 극락정토의 거주자가 되는 것이 목표이다.

아미타불이 만든 극락정토의 거주자가 된다는 것은 이 세상에서의 삶이 끝나고 난 이후에나 가능하다. 삼국유사에 등장하는 욱면이나 광덕 스님은 지극정성으로 염불한 끝에 극락정토에 가게 되지만 모두 부모에게 받은 육신을 이 세상에 남긴다. 이는 아미타불 정근이 죽음을 각오한 경우, 죽음을 목전에 둔 경우, 죽음에 대비하는 경우 등에 해당한다는 말이다. 이 세 가지 경우에 해당하는 불자가 극락정토 왕생을 바란다면 아미타불 정근을 해야 한다.

보통 염불은 본인을 위해 행해진다. 그런데 아미타불 정근은 본인이 아닌 다른 특정한 사람을 위해 행해지는 경우가 있다. 천도재는 죽은 사람을 위한 의식인데 여기에 아미타불 정근이 포함되어 있기 때문이다. 천도재에 참석한 사람들은 부모, 형제자매, (손)자녀, 친인척, 친구, 선후배, 회사동료, 아는 사람 등 자신이 아닌 다른 사람을 위해 아미타불 정근을 한다. 그들은 "나무아미타불"을 새기면서 천도재의 주인공인 영가(靈駕, 죽은 이)의 극락왕생을 기원한다.

대부분의 불자들은 신문이나 방송, 인터넷을 통해 사람이나 동물의 가슴 아픈 죽음을 알게 되면 "(나무)아미타불 극락왕생"이라고 한다. 이는 아미타불 염불이 '자리이타自利利他', 즉 자신은 물론이고 남도 이롭게 할 수 있는 것임을 잘 말해주고 있다. 심지어는 모기나 파리 등의 해충을 잡을 때나 풀을 뽑을 때도 대상의 극락왕생을 빌어주는 불자들도 있다. 이런 아미타불 염불은 염불자의 자비심의 발로임과 동시에 그 자비심을 길러주는 양분養分이다.

사실 먼 과거에 법장法藏 스님이 48가지나 되는 원을 세운 것도, 극락정토를 만든 것도, 아미타불이 된 것도, 자신의 명호를 부르는 불자들을 극락정토로 데려오는 것도, 극락정토의 중생들을 위해 무료로 의식주를 제공하는 것도, 그들 모두가 성불하도록 도움을 주는 것도 모두 중생을 위한 무조건적인 자비심 때문이다. 자비의 화신으로 불리는 관세음보살이 머리의 보관에 아미타불상을 모시고 아미타불의 보좌관으로 활약하는 것도 이 때문일 것이다.

아미타불이 자신의 국토인 극락에 오기를 원하는 중생들에게 원하는 조건은 단 한 가지인데, 일심一心으로 자신의 명호인 '아미타불'을 부르라는 것이다. 그래서 이 세상의 수많은 불자들이 1,400년이 넘도록 '나무아미타불'을 새겼다. 나무아미타불 염불도 유튜브에 많이 올라와 있는데, 여섯 글자가 여러 가지 방식으로 표현되고 있다. '나무아미타불'의 기본형은 '나무~아미타~불'인데 '나무~아미•타~불', '나무아미•타~불', '나~무아미•타~불' 등의 변형이 있다.

* 나무아미타불 염불 발음 연습

〈기본형〉

①각 글자 소리를 같은 높낮이로, ②~표시에서는 개인에 맞게 적절한 길이로 쉬면서, ③각각 3회씩 발음하면서 자신의 목소리의 특징을 파악한다.

'나무~아미타~불' (※작은 소리로 3회)

'나무~아미타~불' (※중간 소리로 3회)

'나무~아미타~불' (※큰 소리로 3회)

〈변형1〉

①각 글자 소리를 같은 높낮이로, ②'아미' 하고 **짧게 쉬고**(•) ③~표시에서는 개인에 맞게 적절한 길이로 쉬면서, ④각각 3회씩 발음하면서 자신의 목소리의 특징을 파악한다.

'나무~아미•타~불' (※작은 소리로 3회)

'나무~아미•타~불' (※중간 소리로 3회)

'나무~아미•타~불' (※큰 소리로 3회)

〈변형2〉

①각 글자 소리를 같은 높낮이로, ②'나무아미' 하고 **짧게 쉬고**(•) ③~표시에서는 개인에 맞게 적절한 길이로 쉬면서, ④각각 3회씩 발음하면서 자신의 목소리의 특징

을 파악한다.

 '나무아미 • 타~불' (※작은 소리로 3회)

 '나무아미 • 타~불' (※중간 소리로 3회)

 '나무아미 • 타~불' (※큰 소리로 3회)

〈변형3〉

①각 글자 소리를 같은 높낮이로, ②'무아미' 하고 **짧게 쉬고**(•) ③~표시에서는 개인에 맞게 적절한 길이로 쉬면서, ④각각 3회씩 발음하면서 자신의 목소리의 특징을 파악한다.

 '나~무아미 • 타~불' (※저음으로 3회)

 '나~무아미 • 타~불' (※저음으로 3회)

 '나~무아미 • 타~불' (※저음으로 3회)

〈변형4〉

이번에는 높낮이를 넣어보는데 ①'나'를 기본 높낮이에서 시작하지만 ②**무아미 • 타~불**'을 '나'보다 높은 위치에서 큰 소리로 발음하고 ③**'무아미'** 하고 **짧게 쉬고**(•) ④ ~표시에서는 앞 글자 소리를 길게 끌면서 각각 3회씩 발음한다.

 '나(↗)**무아미 • 타~불**'(※저음으로 3회)

 '나(↗)**무아미 • 타~불**'(※중간음으로 3회)

 '나(↗)**무아미 • 타~불**'(※고음으로 3회)

〈변형5〉

이번에도 높낮이를 넣어보는데 ①'나'를 높은 위치에서 '외과'의 '과'처럼 강하게 발음하고 **잠깐 쉬고**(•) ②'무아미타~불'을 '나'보다 낮은 위치에서 작은 소리로 발음하고 ③~표시에서는 앞 글자 소리를 길게 끌면서 각각 3회씩 발음한다.

'나•무아미타~불'(※저음(낮은 소리)으로 3회)

'나•무아미타~불'(※중간음(중간 소리)으로 3회)

'나•무아미타~불'(※고음(높은 소리)으로 3회)

앞에서 살펴본 대로 나무아미타불 염불의 발음도 석가모니불 염불의 발음처럼 여러 가지이다. 큰 차이점은 나무아미타불 염불의 경우 '나무'가 앞에 붙는다는 점이다. 또 이 염불은 사후세계를 위한 것이므로 기본적으로는 애처롭고, 안타까우며, 슬픈 분위기를 띠고 있다. 하지만 나무아미타불 염불이 절망적인 느낌이 아닌 것은 극락정토에 갈 수 있다는 희망이 담겨 있기 때문이다. 희망에 초점을 맞춘 불자들은 밝고 굳센 분위기로 염불을 하면 된다.

염불불자는 나무아미타불 염불의 기본형과 변형들을 적절하게 섞어서 사용하면 된다. '나무아미타불'의 여섯 글자 가운데 마지막 글자인 '불'을 '부울'로 발음하는 것은 염불이 좀 진행된 경우에 자연스럽게 다음으로 넘어가기 위해 나타나는 현상이다. 염불불자가 개인적으로 아미타불 정근을 할 때에는 '나무아미타불'이나 '아미타불'을 매우 빠르게 발음해도 된다. 이런 경우 '(나무)아미타불'이 강약이 없이, 같은 높낮이로, 끌어도 짧게, 연속해서 발음된다.

아미타불 정근도 절이나 야외에서 행해지는 법회나 행사에서는 '나무아미타불'의 앞부분과 뒷부분에 찬탄구가 더해지는데, 여러 가지 유형이 있다.

- 나무아미타불 정근 앞부분 찬탄구 제1유형 -

나무 극락도사 아미타불 南無 極樂導師 阿彌陀佛
(극락으로 이끄시는 아미타부처님께 귀의합니다.)

나무 좌보처 관세음보살 南無 左補處 觀世音菩薩
(왼쪽에 계신 관세음보살님께 귀의합니다.)

나무 우보처 대세지보살 南無 右補處 大勢至菩薩
(오른쪽에 계신 대세지보살님께 귀의합니다.)

- 나무아미타불 정근 앞부분 찬탄구 제2유형 -

나무 서방대교주 무량수여래불 南無 西方大教主 無量壽如來佛
(서쪽의 큰 교주이신 한없는 수명의 부처님께 귀의합니다.)

- 나무아미타불 정근 앞부분 찬탄구 제3유형 -

나무 서방정토 극락세계 아등도사 南無 西方淨土 極樂世界 我等導師
(서방정토 극락세계로 우리를 이끄시는 (아미타부처님께) 귀의합니다.)

(※ '아등도사' 뒤에 '금색여래(金色如來, 황금색 부처님)'를 덧붙이는 경우도 있다.)

-나무아미타불 정근 앞부분 찬탄구 제4유형-

나무 서방정토 극락세계 48대원 아미타불

-나무아미타불 정근 뒷부분 찬탄구 제1유형-

아미타불 본심 미묘진언 阿彌陀佛 本心 微妙眞言
(아미타부처님의 본래마음인 묘하게 참다운 말)
다냐타 옴 아리다라 사바하 (3회)
(※진언은 번역하지 않음)

계수서방안락찰 접인중생대도사 稽首西方安樂刹 接引衆生大導師
(서쪽의 극락정토로 중생을 이끄시는 큰 스승에게 절하옵니다.)
아금발원원왕생 유원자비애섭수 我今發願願往生 唯願慈悲哀攝受
(제가 이제 극락에 가고자 하오니 자비로 받아주시길 바라옵니다.)

고아일심귀명정례 故我一心歸命頂禮
(그러므로 저는 일심으로 목숨 바쳐 절하옵니다.)

-나무아미타불 정근 후 찬탄구 제2·3유형-

원공법계제중생 동입미타대원해 願共法界諸衆生 同入彌陀大願海
(법계의 모든 중생이 함께 아미타부처님의 큰 원의 바다에 들어가길 바라오니)

진미래제도중생 자타일시성불도 盡未來際度衆生 自他一時成佛道

(미래가 다하도록 중생을 제도하여 나와 남이 한시에 성불합시다.)(※생략하기도 함)

원이차공덕 보급어일체 願以此功德 普及於一切

(이 공덕이 일체에 두루 미치길 원하오니)

아등여중생 당생극락국 我等與衆生 當生極樂國

(우리와 중생이 모두 마땅히 극락에 태어나서)

동견무량수 同見無量壽 개공성불도 皆共成佛道

(함께 아미타부처님을 뵙고 모두 성불합시다.)

*나무아미타불 정근의 법회·행사용 형식 1

나무 서방정토 극락세계 아등도사

나무아미타불 ……(반복)…… 나무아미타불

아미타불 본심 미묘진언 阿彌陀佛 本心微妙眞言

다냐타 옴 아리다라 사바하 (3회)

계수서방안락찰 접인중생대도사

아금발원원왕생 유원자비애섭수

*나무아미타불 정근의 법회·행사용 형식 2

나무 서방대교주 무량수여래불

나무아미타불 ……(반복)…… 나무아미타불

원이차공덕 보급어일체

아등여중생 당생극락국

동견무량수 개공성불도

*나무아미타불 정근의 법회·행사용 형식 3

나무 서방정토 극락세계 48대원 아미타불

나무아미타불 ……(반복)…… 나무아미타불

원공법계제중생 동입미타대원해

진미래제도중생 자타일시성불도

원이차공덕 보급어일체 아등여중생

당생극락국 동견무량수 개공성불도

* 나무아미타불 염불불자의 마음가짐

대보적경을 보면, 미륵보살의 질문을 받은 석가모니불은 다음과 같이 '나무아미타불 염불불자가 지녀야 하는 열 가지 마음가짐'에 대해 말한다.

① 중생을 행복하게 하려는 마음을 일으킴
② 중생의 괴로움을 들어주려는 마음을 일으킴
③ 불법을 지키려는 마음을 일으킴
④ 일체에 집착하지 않는 마음을 일으킴
⑤ 의욕에 청정한 마음을 일으킴
⑥ 잊어버림이 없는 마음을 일으킴
⑦ 비하함이 없는 마음을 일으킴
⑧ 깨달음을 얻으려는 마음을 일으킴
⑨ 물듦이 없는 마음을 일으킴
⑩ 부처님을 따르려는 마음을 일으킴

이런 마음을 가지고 열심히 염불하는 불자는 극락정토에 왕생한다.

5) 관음 정근

관세음보살 정근은 관세음보살 염불을 정성을 다해 지속적으로 하는 것을 말한다. 관세음보살 정근은 석가모니불 정근이나 아미타불 정근보다 널리 실행되는 염불이다. 이는 관세음보살의 이중적 역할 때문이다. 관세음보살은 현실에서 발생하는 어려움을 해결해 주는가 하면 영가들을 극락세계로 안내하는 역할도 한다. 불자 입장에서 관음 정근은 관세음보살에게 어려움을 해결해 달라는 요청과 극락으로 이끌어 달라는 요청을 동시에 할 수 있는 이점이 있는 것이다.

여성성은 관세음보살의 또 다른 장점이다. 원래 관세음보살도 콧수염이 있는 남성으로 표현되었지만 언제부터인가 여성으로 대체되었다. 다른 모든 불보살이 남성으로 표현된 것을 감안하면 여성 관세음보살은 절대적인 희소성의 가치를 가진다. 또 자비의 화신이라는 관세음보살의 특성이 여성성과 잘 어울리는 것도 불자들이 관세음보살에게 보다 강한 친근감을 느끼게 하는 동기로 보인다.

신라시대는 물론이고 고려시대와 조선시대를 거치면서 약 1,400년 동안 이 땅의 불자들을 보호해 온 관세음보살이다. 그에 호응하여 우리 불자들은 좋은 일에는 같이 기뻐하며 "(나무)관세음보살"을, 슬픈 일에는 같이 슬퍼하며 "(나무)관세음보살"을 읊조렸다. 이런 환경이라면 어머니 태중에서 관세음보살과 친해지는 모태신앙이 아닐 수 없다. 사실 이 정도면 불자들의 마음에는 이미 '관세음보살 DNA'가 생겨나 있다고 해도 지나친 말이 아니다.

요즘도 수많은 불자들이 전국의 절은 물론이고 집이나 거리에서 "(나무)관세음보살"을 새기고 있는데 유튜브에도 관음 정근이 가장 많이 올라와 있다. 관음 정근도 장단, 고저, 강약에 따라 발음이나 표현방식이 다르다. 관세음보살 염불의 경우 '관~세음보살'이 기본형인데 '관~~세음~보~살', '과안~세음~보~살', '과안~세음•보~살', '과안~셈~보~살', '과안~셈•보~살', '관~셈~보~살', '관세음~~보~살' 등의 변형이 있다. 염불하는 중에 '살'이 '사알'로 발음되기도 한다.

＊ 관세음보살 염불 발음 연습

〈기본형〉
①각 글자 소리를 같은 높낮이로, ②~표시에서는 개인에 맞게 적절한 길이로 쉬면서, ③각각 3회씩 발음하면서 자신의 목소리의 특징을 파악한다.

'관~세음보살' (※작은 소리로 3회)

'관~세음보살' (※중간 소리 3회)

'관~세음보살' (※큰 소리 3회)

〈변형1〉

①각 글자 소리를 같은 높낮이로, ②~표시에서는 앞 글자 소리를 길게 끌면서, ③각각 3회씩 발음하면서 자신의 목소리의 특징을 파악한다.

　'관~~세음~보~살'(※작은 소리로 3회)

　'관~~세음~보~살'(※중간 소리로 3회)

　'관~~세음~보~살'(※큰 소리로 3회)

〈변형2〉

①각 글자 소리를 같은 높낮이로, ②굵은 글씨 **관**을 '외과'의 '과'처럼 강하게 발음하고, ③~표시에서는 앞 글자 소리를 길게 끌면서, ④각각 3회씩 발음하면서 자신의 목소리의 특징을 파악한다.

　'**관**세음~~보~살'(※작은 소리로 3회)

　'**관**세음~~보~살'(※중간 소리로 3회)

　'**관**세음~~보~살'(※큰 소리로 3회)

〈변형3〉

이번에는 높낮이를 넣어보는데 ①'과안'을 기본 높낮이에서 시작 하지만 급격하게 올려서(↗) '안'은 높은 위치에서 소리를 끝내고, ②'세음~보~살'도 '안'과 같은 높이에서 발음한다. ③~표시에서는 앞 글자 소리를 길게 끌면서 각각 3회씩 발음한다.

　'과(↗)안~세음~보~살'(※작은 소리로 3회)

'과(↗)안~세음~보~살'(※중간 소리로 3회)

'과(↗)안~세음~보~살'(※큰 소리로 3회)

〈변형4〉

이번에도 높낮이를 넣어보는데 ①'관'은 기본 높낮이에서 시작하지만 '세'를 급격하게 올려서(↗) '음'은 높은 위치에서 소리를 끝내고, ②'보~살'도 '음'과 같은 높이에서 발음한다. ③~표시에서는 앞 글자 소리를 길게 끌면서 각각 3회씩 발음한다.

'관세(↗)음~~보~살'(※작은 소리로 3회)

'관세(↗)음~~보~살'(※중간 소리로 3회)

'관세(↗)음~~보~살'(※큰 소리로 3회)

〈변형5〉

이번에는 높낮이와 일시정지를 넣어보는데 ①'과안'을 기본 높낮이에서 시작하지만 급격하게 올려서(↗) '안'은 높은 위치에서 소리를 끝내고, ②'세음'도 '안'과 같은 높이에서 발음한 뒤 **잠깐 쉬고** ③'보~살'도 같은 높이에서 발음한다. ④~표시에서는 앞 글자 소리를 길게 끌면서 각각 3회씩 발음한다.

'과(↗)안~세음 • 보~살'(※작은 소리로 3회)

'과(↗)안~세음 • 보~살'(※중간 소리로 3회)

'과(↗)안~세음 • 보~살'(※큰 소리로 3회)

석가모니불 정근이나 아미타불 정근처럼 불자가 혼자서 관음 정근을 하는 경우 곧바로 '관세음보살'을 새길 수 있다. 이 경우 대부분의 염불불자가 작은 목소리로 '관셈보살'을 빠르게 발음한다. 이 발음이 멈춰지면 관음 정근도 끝난다. 이에 비해 절이나 행사에서 행해지는 관음 정근에서는 '관세음보살'의 기본형과 변형들이 목탁소리와 리듬을 타고 발음되는데, 그 앞과 뒤에 관세음보살과 관련된 찬탄구들이 반드시 있어야 한다.

관음 정근의 앞에 붙는 찬탄구는 '나무 보문시현 원력홍심 대자대비 구고구난'으로 '두루 나타나 보이시고 원력이 넓고 깊으시며 대자대비로 (중생을) 고난에서 구해주시는 (관세음보살님께) 귀의합니다.'라는 뜻이고, 뒤에 붙는 찬탄구는 '구족신통력 광수지방편 시방제국토 무찰불현신 고아일심 귀명정례'로 '신통력을 갖추시고 널리 지혜의 방편을 닦으셔서 모든 장소에 나타나지 않는 곳이 없으시니 저는 한마음으로 귀의해 절합니다.'라는 뜻이다.

*관세음보살 염불의 법회·행사용 형식

나무 보문시현 원력홍심 대자대비 구고구난
南無 普門示現 原力弘深 大慈大悲 救苦救難

관세음보살 ……(반복)…… 관세음보살

멸업장진언 滅業障眞言(업장을 없애는 진언)
옴 아로륵게 사바하 (3회)

구족신통력 광수지방편 시방제국토 무찰불현신
具足神通力 廣修智方便 十方諸國土 無刹佛現身

고아일심 귀명정례
故我一心 歸命頂禮

제5장 염불명상의 활용

염불은 불교의 전문 수행법이지만 여러 가지 측면에서 활용될 수 있다.

1) 명상으로 활용
* 염불을 통해 보다 자주 삼매를 경험함
* 염불삼매를 정신수양을 위한 명상으로 활용
* 염불삼매를 통해 다른 명상으로 연결

2) 기도로 활용
* 직장, 학업 등에서 원하는 목표를 설정
* 조용한 장소에서 5분~10분 집중염불
* 설정된 목표를 달성할 때까지 염불수행

3) 집중력 유지에 활용
* '관세음보살' 5자를 1초에 1번 새김으로써 잡념이 파고들지 못하도록 함
* 10초에 10번 → 20초에 20번 → 30초에 30번으로 늘리면서 익숙해지도록 연습
* 60초에 60번 → 60초에 70번 → 60초에 80번으로 늘리면서 익숙해지도록 연습
* 잡념이 생길 때마다 활용

4) 심리적 안정을 위한 활용
* 관세음보살, 석가모니불, 아미타불을 나의 후원자로 받아들임
* 우울, 불안, 두려움 등이 발생하면 즉시 염불
* 우울, 불안, 두려움 등을 관세음보살 등 후원자에게 맡김
* 언제 어디서나 관세음보살 등 후원자의 보살핌을 받고 있다고 인식

5) 건강을 위한 활용

* 관세음보살을 나와 가족의 주치의로 생각
* 관세음보살이 버들가지로 정병의 감로수를 적셔서 뿌려준다고 생각
* 관세음보살이 나에게 감로수를 뿌려주고 부어주는 것을 이미지화
* 관세음보살이 몸안으로 들어와 아픈 곳을 치료해주는 것을 이미지화

6) 관점의 전환을 위한 활용

* 불보살이나 극락정토처럼 평상시의 오감에 감지되지 않는 존재를 인정
* 우주에서 인류가 탐사한 부분은 먼지 속의 먼지 정도에 불과하므로 눈에 보이지 않는다고 없다는 생각을 버림
* 암흑물질, 암흑에너지, 양자역학, 불성 등에 근거하여 한 가지 관점만 고집하지 않음

7) 인간관계 개선을 위한 활용

* 모든 사람이 불성을 가진 존재임을 항상 자각함
* 자비무적임을 언제나 명심하고 누군가가 나의 분노를 유발하면 즉시 염불함
* 나에게 살의를 느끼게 하는 상대가 있으면 그 상대를 위해 불보살에게 기도해 상대의 불성이나 자비심이 발휘되도록 함

8) 자비심을 키우기 위한 활용

* 관세음보살과 아미타불 등 불보살의 자비심을 본받음
* 언론에 보도되는 안타까운 사연에 자비심을 내고 재물 보시가 안 되면 마음만이라도 함께 하려고 노력함
* 부득이하게 생명을 죽일 경우 극락왕생을 기원해 줌
* 주변사람들에게 좋은 에너지를 전하려고 노력함

방경일(글)

동국대학교 불교학과 졸업 후 불교 관련 프리랜서 작가로 활동 중이며, 유튜브 채널 〈해오름〉, 〈단경〉, 〈도론도담〉의 '차 한잔의 도론도담'에 출연하고 있다.
펴낸 책으로 『만화로 보는 불교명상 길라잡이』, 『초기불교 VS 선불교』, 『33관세음보살 이야기』, 『우리가 모르고 쓰는 생활 속 불교용어』, 『만화로 보는 법화경과 새로운 해설』 등 다수가 있다.

정기영(그림)

Casual illustrator / comic
Mail: miregguan1@naver.com

만화로 보는 염불명상 길라잡이

초판 1쇄 인쇄 2024년 8월 29일
초판 1쇄 발행 2024년 9월 6일

글 방경일 | **그림** 정기영
펴낸이 김시열
펴낸곳 도서출판 운주사
　　　　(02832) 서울시 성북구 동소문로 67-1 성심빌딩 3층
전화 (02) 926-8361 팩스 0505-115-8361
http://cafe.daum.net/unjubooks 〈다음카페: 도서출판 운주사〉
ISBN 978-89-5746-844-9 07220
값 20,000원